인간

**위대한 기적인가,
지상의 악마인가?**

인간

위대한 기적인가, 지상의 악마인가?

임종식 지음

사람의무늬

"나는 돼지를 좋아하오. 개는 우리를 우러러보고 고양이는 얕
잡아보지만, 돼지는 동등하게 취급하기 때문이오".

제2차 세계대전 승리의 주역 윈스턴 처칠이 남긴 말이다.
돼지가 우리를 동등하게 취급해서 좋다니? 처칠이 아닌 이
웃에게서 이 말을 들었다면 아마도 정신이 온전치 않다고
생각했을 것이다. 하지만 필자에게는 처칠에 대해 관심을 갖
게 된 계기이자, 돼지를 더욱 좋아하게 된 계기가 되었다. 오
히려 한가지 아쉬움이 남는다면 이렇게 말했으면 어땠을까
하는 것이다.

"나는 돼지와 고양이를 좋아한다오. 개는 우리를 우러러보지
만, 돼지는 동등하게 취급하고 고양이는 오히려 얕잡아보기
때문이오".

우리가 동물로부터 우러름을 받을 자격이 없다는 데서 그치지 않고 경멸당해 마땅하다는 것이 오히려 자연스러울 수 있다는 말이다. 바꿔 말하면 인간이 타종보다 우월하다는 주장은 속속들이 허구라는 말로서, "인간은 위대한 기적이요, 만물의 영장이다"는 슬로건에서 어처구니없는 편견과 오만이 묻어난다는 말이기도 하다.

인간만이 본래적 가치를 지녔다는 것이, 그래서 동물의 이익에 앞서 인간의 이익을 고려해야 한다는 것이 우리 인간들의 생각이다. 하지만 "사람들은 알려고 하기보다 믿으려 한다"는 생물학자 윌슨(Edward O. Wilson)의 말대로 맹목적인 믿음이 우리의 습성을 대변한다는 것이 문제다. 인간이 동물보다 우월하다는 생각이 그 맹목적인 믿음으로, 동물의 서식지를 파괴하고, 모피를 걸치고, 동물을 공장식으로 사육하고, 잔인하게 도축하고, 공연에 동원하고, 실험에 사용하고, 사냥감으로 삼는 등 온갖 악행을 추동하고 있다.

사정이 이러함에도 인간의 지위에 대해 성찰의 기회를 갖기 어려웠다. 인간중심주의, 인간우월주의, 종차별주의 세계관을 배워왔고, 그 세계관을 성실히 실천하는 사회에서 살아왔기 때문이다. 이 책을 쓰게 된 이유가 바로 여기에 있다. 그동안 세뇌를 당한 것은 아닌지, 처칠을 따라 돼지의 세계관에 한 표를 던져야 하는 것은 아닌지 성찰의 기회를 가져보자는 것이다.

일반 독자를 위한 책이지만 다소 집중을 요할 수 있다. 책 전반에 걸쳐 철학의 기본 툴인 논변을 통해 논의가 전개되고 있기 때문이다. 하지만 논변을 통하지 않은 주장은 설득력을 가질 수 없다는 점에서, 철학서를 원하는 독자에게는 일부 사실만을 다룬 철학서나 선언조의 철학서보다 이 책이 만족스러울 수 있을 것이다.

인간이 '지상의 악마'라는 오명을 벗고 타종과 동등한 본연의 신분을 회복하는 데 이 책이 도움이 되었으면 하는 바람이다. 그래서 동물의 고통을 줄이는 데 작게나마 보탬이 되길 기대해본다.

2015년 6월 13일

麥波 임종식

| 차례 |

1

인간의 정체는?
피코 vs. 스미스 요원

필자에게 가장 '시급한 영화대사(?)'를 추천하라면
스미스 요원의 비아냥을 꼽는 데 주저치 않을 것이다.

"오, 아스클레피우스여, 인간이란 참으로 위대한 기적이라오!" "저는 어째서 인간이 온갖 경탄을 받기에 합당한 가장 행복한 생물이 되는지, 우주의 위계位階에서 인간에게 운명 지워진 조건이 무엇이기에 동물뿐만 아니라 성좌星座와 초세적超世的 지성에게까지 질시받는 위치에 있는지 이해하였다고 사료됩니다". "인간의 지고하고 놀라운 행운이여! 그에게는 그가 원하는 바를 갖도록 하셨고 그가 되고 싶은 존재가 되도록 허락하셨습니다".[1]

— 피코 델라 미란돌라

르네상스의 젊은 지성 피코(Giovanni Pico della Mirandola, 1463~1494)의 인간예찬이다. 인간이 위대한 기적이요 만물의 영장임을 누가 감히 의심하겠는가. 피코의 유려한 말솜씨는 청중을 매료시키기에 부족함이 없지만, 피코의 연설을 들으며 눈살을 찌푸린 사람들이 있다는 사실은 흥미롭지 않을 수 없다.

철학자 레이첼스(James Rachels)는 "전통적 인간 존엄성 독트린은 속속들이 종차별주의로 채워진 조악한 형이상학의 도덕적 악취"라고 못박는다.[2] 영화《매트릭스》에서 스미스 요원의 생각은 한층 충격적이다. 감시 프로그램인 스미스는 시온 메인 컴퓨터 접근 코드를 알아내기 위해 모피어스를 심문하며 다음과 같이 비아냥댄다.

"내가 그동안 이곳에 있으며 깨달은 사실 하나를 가르쳐주지. 너희 종족을 어떻게 분류할까 생각하다 깨달았는데, 너희는 포유류가 아니었어. 지구상의 모든 포유류는 본능적으로 자연과 조화를 이루는데 너희 인간들은 안 그래. 한 곳에 머물며 모든 자연 자원을 소모할 때까지 번식하고 또 번식하지. 그러고는 다른 지역으로 퍼져나가는 것이 너희의 유일한 생존방식이야. 이 지구에는 너희의 방식을 따르는 유기체가 또 하나 있어. 그게 뭔지 아나? 바이러스야. 인간이란 존재는 질병이자 지구의 암이지. 너희는 역병이고 우리는 치료제야.

– 스미스 요원

아무리 그래도 그렇지 바이러스에 역병도 모자라 암이라니. 우리가 박멸대상 1호란 말인가. 황당하고 어처구니없는 일이다. 하지만 더 황당한 일은 프로그램도 타종도 아닌 동료 인간이 그 황당한 일에 동참하고 있다는 데 있다.

생물학자 에를리히(Paul R. Ehrlich)는 "인간이 바로 오염이다"고 일깨우며, 철학자 테일러(Paul W. Taylor)는 인류가 종말을 고한다면 모든 종이 앓던 이가 빠졌다고 반길 것이라 충고한다.[3] 철학자 그레이(John Gray)는 한술 더 떠 인간을 보존할 가치조차도 없는 종으로 규정하고, 인간이 지구 상에 출현한 것은 암이 출현한 것으로 인간이 멸종할 때 비로서 지구는 회복되고 인간을 기억에서 지울 것이라고 단언한다.[4] "뱀을 쏘느니 차라리 사람을 쏘겠다". 작가 에드워드 애비(Edward Abbey)는 보다 파격적인 말을 남길 뿐 아니라, 목사인 크리스 코다(Chirs Korda)는 심지어 자살해서 지구를 구하라는 선동도 마다 않는다.[5] 필자 역시 가장 '시급한 영화대사(?)'를 추천하라면 스미스 요원의 비아냥을 꼽는 데 주저치 않을 것이다.

인간의 지위를 놓고 피코 진영과 스미지 진영의 한판 승부인 셈이다. 그렇다면 누가 승자인가? 안중근 의사가 필자보다 위대한 이유는 정의감, 용기 등 필자가 갖지 못한 우월한 무언가를 가졌기 때문이다. 마찬가지로 피코 진영의 손을 들어주기 위해서는 동물에게는 결여된 어떤 우월한 속성이 인간에게 있어야 한다. 반대로 스미스 진영의 손을 들어주기 위해서는 인간만이 열등한 속성을 가졌어야 하며, 그 열등한 속성으로 스미스는 무한정 증식하고, 자연을 훼손하고, 자연자원을 고갈시키고, 생태계를 파괴하는 속성을 들고 있는 것이다.

열역학 제1법칙에 따르면 우주 에너지의 총량은 변하지 않는다. 예컨대 나무가 타서 재가 되었다는 것은 일로 변환할 수 있는 에너지가 감소한 동시에 일로 변환할 수 없는 에너지가 증가했다는 의미로서, 이를 두고 물리학자들은 엔트로피가 증가했다고 한다. 한편 열역학 제2법칙에 따르면 자연적인 조건 하에서도 엔트로피가 증가하는 방향으로 에너지가 흐르며, 그 에너지의 흐름은 비가역성을 갖는다.

대체 에너지가 전 세계에 보급되기 90년 전에 지구상의 석유 에너지는 고갈될 것이라 캘리포니아 대학의 최근 보고서가 예측한 바 있다. 인간이 엔트로피 가속기로서 지구공동체의 불량 동물로 전락했다는 말이다.

지구와 인간으로 눈을 돌려보자. 지름 22cm, 높이 18m의 소나무로 환산했을 때 한 명이 80년 동안 237그루를 사용하며, 평생 배출하는 이산화탄소의 양과 동일한 양의 이산화탄소를 흡수하기 위해서는 잣나무를 기준으로 987그루를 심어야 한다. 사정이 이러함에도 매년 서울시 면적의 215배나 되는 산림이 사라지고 있다. 아마존 열대우림은 1분마다 축구장 4개 면적이 사라지고 있으며, 가장 오래된 열대우림인 보르네오 숲도 이미 60%가 파괴됐다.

지난 30년 동안 우리가 알고 있는 동물 150만 종과 식물 50만 종 중 40%가 자취를 감췄다고 한다. 20분에 한 종씩 사라진 셈이다. 이는 자연 상태 멸종 속도의 100배 이상으로 그 주범이 인간이라는 말이다. 최근의 연구 결과는 한층 더 충격적인데, 지금까지 예상한 멸종 속도보다 10배나 빠른 1,000배의 속도로 진행되고 있어 지구 역사상 여섯 번째 대멸종 위험에 직면해 있다는 것이다.

"세계 바다 생태계가 인류 역사상 전례 없는 대규모 멸종 단계에 진입할 위험이 커졌다"고 국제해양생태계연구프로그램(IPSO)이 새 보고서를 통해 경고했다. 2030년에는 전체 산호초의 90%, 2050년에는 100%가 파괴될 것이라는 전망도 나왔다. 최근에는 인간의 어로 활동으로 어류가 시간당 9,000~1만 t씩 줄고 있다. 대형 어류와 상어 등 일부 수산 자원은 10년 전의 10분의 1 수준으로 감소했다(〈서울신문〉, 2011. 6. 22).

샥스핀 요리를 위해 연간 1억 마리의 상어가 지느러미가 잘린 채 바다에 버려지고 있으며, 2015년 3월에 열린 '코끼리 정상회의'에서는 상아를 노린 불법 밀렵으로 향후 10~20년 안에 아프리카 야생 코끼리가 멸종할 수 있다는 경고가 나온 바 있다. 상어와 아프리카 코끼리도 보르네오 섬의 보르네오수마트라코뿔소, 구름표범, 피그미코끼리와 같은 신세로 전락할 날이 멀지 않았다는 말로서, 인간의 발길이 닿으면 지옥이 연출된다는 스미스의 질타에 딱히 할 말이 없다는 뜻이기도 하다.

2012년 유엔환경계획(UNEP)이 발표한 '제5차 지구 환경 전망' 보고서는 지구 환경이 생물학적 한계점을 향해 치닫고 있다고 경고했다. 지금까지 누적된 재앙으로 이제 작은 변화 하나로도 파국에 이를 수 있는 환경재앙의 티핑 포인트(tipping point)에 임박했다는 말로, 인간이라는 거대한 유기체 집단이 지구를 접수하며 엔트로피의 증가 속도가 통제력을 잃었다는 얘기다. 그럼에도 한 목소리로 인구 증가를

환경 파괴와 오염, 지구온난화, 물 부족, 원자력 발전뿐 아니라 동물의 대량 밀집 사육, 심지어 황사와 미세먼지까지도 그 궁극적인 원인은 인구 증가에 있다.

부르짖고 있지 않은가. 인류가 출현한 이래 세계 인구가 7억이 되기까지 200~400만 년이 걸렸으나 그 후 200년이 지난 지금은 70억을 넘어섰으며, 2050년에는 100억에 이를 전망이다.

인류가 스스로 해법을 찾을 것이라 낙관하는 사람이 적지 않다. 그 해법이라고 찾은 원자력이 부메랑이 되어 인류의 생존마저 위협하는 현실을 목도하고도 말이다. 어떻게 이다지 한가할 수 있는지 알 수 없는 일이다. 인간의 이면에 드리운 그림자가 어디 이뿐이겠는가. 스미스가 놓친, 하지만 덮고 가기에는 너무도 불편한 진실이 있으니, 동물에게 자행하는 학대가 그것이다.

"지상의 악마는 인간이다". 실험이라는 명목으로 동물에게 자행되는 잔혹 행위를 두고 독일의 철학자 쇼펜하우어(Arthur Schopenhauer, 1778~1860)가 던진 말이다. 쇼펜하우어의 표현이 과하다 할 수 없는 것이 통증으로 몸부림치지 못하도록 토끼를 고정판에 고정해놓고 안점막 자극 실험을 위해 눈꺼풀을 다시 고정한 후 실험 용액을 떨어뜨리기도 하며, 심지어 주방세제, 배수관 청소제 등 각종 화학물질까지도 떨어뜨려 고정판에서 몸부림치다 목뼈가 부러지는 일이 발생한다고도 한다.[6]

개에게 제약용, 공업용, 가정용 화학물질과 살충제와 제

초제를 주입하기도 하고, 퇴행성 안질환을 유발시켜 실명케 한 후 안구를 적출하기도 한다. 실험용 진드기를 배양할 목적으로 토끼의 털을 깎고 수천 마리의 진드기에게 제공하기도 할 뿐 아니라, 화상 실험을 위해 살아 있는 돼지의 살갗을 태우고, 원숭이와 고양이의 두개골을 뚫고 뇌에 전극을 심기도 한다.

세계 인구 중 건강 문제가 없는 사람은 4%에 불과하다고 한다. 냉정히 생각해보자. 인간이 자연과 조화를 이뤘다면 지금처럼 심각하게 질병에 노출되는 일은 없었을 것이다. 그런데도 바이러스의 생존방식을 고집하고, 그 부산물인 질병을 극복하기 위해 택한 수단이 바로 동물실험 아닌가. 이것이 악마성의 발현이 아니고 무엇이겠는가.

영국의 영화배우 럼리(Joanna Lumley)가 "지혜를 얻기 위해 더 이상 남의 두뇌를 먹지는 않으나 아름다움을 명목으로 동물의 피부를 걸치는 야만은 지속되고 있다"고 비난한 바 있다. 모피를 걸치는 사람들로 인해 동물들이 산 채로 가죽이 벗겨지는 고통을 당하고 있다는 것이다. "한 해 동안 모피를 위해 죽임 당하는 아기 하프물범의 수는 7만 마리이다. 매년 모피를 위해 희생되는 동물의 수는, 밍크 5천만 마리, 여우 4천만 마리, 개 200만 마리, 고양이 200만 마리, 친칠라 25만 마리, 담비 15만 마리, 오소리 10만 마리, 너구리

10만 마리이다. 집계가 어려운 토끼 또한 매년 수천만 마리가 희생되는 것으로 추산된다"(〈시사저널〉, 2013. 1. 2).

오리, 거위는 또 어떠한가? "살아 있는 오리나 거위의 털을 잡아 뜯는다. 먼저 새의 머리를 사람 무릎 사이에 끼운다. 머리가 잡힌 새는 도망갈 수가 없다. 거위가 배를 보인 채 버둥거린다. 배 위로 사람 손이 빠르게 움직일 때마다 가슴팍의 연한 솜털이 뽑혀나간다. 털을 뽑는 데는 채 3분이 걸리지 않는다. 순식간에 새하얀 털이 허공에 날린다. 생털이 뽑혀 아픈지 머리를 흔들며 꿱꿱 애처롭게 울어댄다. 대차게

코트 한 벌을 위해
개 15
너구리 30
누트리아 26
다람쥐 200
담비 50
밍크 30
바다표범 6
보브캣 16
수달 10
스라소니 8
여우 10
오소리 10
토끼 30
흑담비 60
마리가 산 채로 가죽이 벗겨지는 고통을 당하고 있다.

날개를 퍼덕여 보지만 소용없다. 듬성듬성 털이 빠진 채 바닥에 던져진 거위가 쓰러진다. 사람을 피해 종종종 급히 걸어 되도록 구석으로 피한다. 이 과정에서 힘에 눌렸던 날개가 부러지고, 무릎에 끼어 질식하기도 한다. 목 아래로 빨간 피부가 선명한 거위들이 농장에 가득하다. 한 연구에 따르면 털을 뽑히는 동안 받는 심한 스트레스로 거위의 혈액 속 포도당 수치가 2배로 오른다고 한다. 이런 강제 털뽑기는 생후 10주부터 6주 간격으로 반복된다. 알을 낳는 거위는 일생 동안 5번에서 최대 15번까지, 고기용으로 사육되는 거위는 4번 정도 산 채로 털을 뽑히다 죽는다"(《한겨레》, 2012. 2. 24.). 앙골라의 운명도 다르지 않다. 틀에 고정된 30마리의 앙골라로부터 강제 털뽑기를 통해 탄생시킨 것이 바로 한 벌의 앙골라 코트이기 때문이다.

쇼펜하우어가 말한 악마성은 사육 과정에서도 여실히 드러난다. 비좁은 철창에 개를 가두고 서로 물어뜯지 못하도록 이빨을 뽑기도 하고, 연쇄적으로 짖어대지 못하도록 고막을 뚫기도 하며(《한겨레》, 2012. 9. 27), 목매달거나 물을 먹여 죽이고 심지어 전기충격을 가한 후 의식이 남아 있는 상태로 기계에 넣어 털을 뽑기까지 한다. 닭이라고 해서 다르지 않다. 서로 쪼지 못하도록 부리를 자른 후 A4 용지 한 장 크기도 안 되는 공간에 가두고 자연 상태에서보다 10배나 많은 알을 낳게 하기 때문이다. 뼈의 칼슘을 빼앗겼으니 골다공증으로 인한 골절과 그에 따른 내출혈, 장기손상은 당연한 결과이다.

이쯤 되면 인간중심주의자들로부터 어김없이 듣게 되는 반문이 있다. 동물의 고통을 즐겨서가 아니라는, 어쩔 수 없는 일 아니냐는 반문 말이다. 그럴 때면 들려주는 이야기가 있다.

위스콘신 주 매디슨 경찰서에 한 여성으로부터 신고전화가 걸려온다. 언제부턴가 옆집에서 정체 모를 소리가 들린다는 것이었다. 서둘러 신고 여성의 이웃인 프레드의 집으로 출동한 경찰은 지하실에 펼쳐진 광경을 보고 입을 다물지 못한다. 26개의 작은 쇠창살마다 신체 일부가 절단된 상태로 배설물에 뒤엉킨 채 강아지가 신음하고 있었기 때문이다. 현장에서 체포된 프레드는 수사관들의 질문에 담담한 어조로 말한다. 자신이 불에 달군 칼로 마취 없이 코와 발바닥 등 신체 일부를 베어냈고, 생후 26개월이 되면 거꾸로 매달아 도살했다는 것이다. 그는 동물 학대 혐의로 즉시 구속기소됐고, 극형에 처해야 한다는 여론이 빗발쳤다. 하지만 그의 변론은 이러했다.

어릴 때부터 초콜릿을 너무나 좋아했습니다. 그런데 2년 전 교통사고를 당한 후부터는 초콜릿을 먹어도 예전의 맛을 느낄 수 없었습니다. 미각신경 전문의를 찾아가 검사를 받아보니 결과는 충격적이었습니다. 고디바선(godiva gland)이 영구적으로 손상돼 초콜릿 맛을 관장하는 코코아몬 호르몬이 더 이상 분비되지 않는다는 것이었습니다. 그때의 상실감은 이루 표현할 수 없습니다. 그런데 의사 선생님에게서 희망 섞인 말을 들었습니다. 최근 연구결과에 따르면 6개월 동안 극심한 학대와 스트레스를 받고 죽은 강아지의 뇌에서 다량의 코코아몬이 발견됐다는 것이었습니다. 도서관에 가서 자료를 읽고 중요한 사실 하나를 알아냈습니다. 동물보호론자들의 반대에 부딪힐 것을 우려해 연구결과를 대중에게 알리지 않았고 제약회사도 관심을 갖지 않는다는 것이었습니다. 그래서 코코아몬 실험실을 차릴 수밖에 없었습니다. 강아지 한 마리로 일주일분의 코코아몬을 얻을 수 있다고 해서 필요한 만큼인 26마리만 키웠습니다. 저는 동물 학대를 즐기는 사람이 아닙니다. 동물의 고통에 어떤 희열도 느낄 수 없었고, 오히려 측은한 생각이 들었습니다. 코코아몬을 구할 다른 방법이 있었다면 맹세코 실험실을 차리지 않았을 겁니다. 초콜릿 맛을 느끼지 못한다고 건강을 잃는 것은 아닙니다. 하지만 초콜릿을 즐기지 못하는 삶은 상상조차할 수 없었습니다. 한 인간이 크나큰 즐거움을 잃을 수 있었음을 헤아려 주시기 바랍니다.[7)]

프레드의 변론과 인간중심주의자의 반문 사이에 차이점이 존재하는가? 인간중심주의자의 반문도 프레드의 변론만큼이나 해괴할 수 있다는 말이다.

"생태계와 동물 문제는 그렇다 치자. 하지만 인간은 번식이라는 유기체로서의 본능에 충실하고 있다". 이 역시 강의 중 흔히 듣는 반문이다. 맞는 말이다. 인간은 번식 본능에 완벽히 충실하고 있다. 하지만 그 충실하다는 것이 어떤 의미인가. 암세포 말고는 어떤 종도 숙주와 공멸하는 어리석음을 보이지 않는다. 인간은 어떠한가? 생존을 담보하지 않은 채 본능에 충실한 것이 자랑일 수 있는가?

혹여 바이러스만도 못한 생존방식을 고집하고 있는 것은 아닌지 반문해볼 일이다. "에이즈를 일으키는 인간면역결핍바이러스(HIV)가 인체의 면역체계에 순응하면서 맹독성이 약해지고 있다는 연구 결과가 나왔다. …에이즈 바이러스가 숙주인 인체 안에서 생존하기 위해 이런 진화 경로를 선택했다는 이야기다"(〈한겨레〉, 2014. 12. 2).

당할 대로 당했으니 인간의 자존심을 회복할 방도를 찾아야 한다. 생물학적 차원에서 인간과 타 종의 우열을 가려보자. 인간의 시력이 2.0이라고 했을 때 타조의 시력은 25정도로 가시거리가 10~20킬로미터에 달할 뿐 아니라 인간보다 청력도 월등하다. 우사인 볼트가 100m를 9.58초에 돌파해

영웅이 되었으나, 같은 거리를 곰은 6.4초, 기린은 7.1초 그리고 하마조차도 8.0초로 테이프를 끊을 수 있다. 게다가 종을 가리지 않고 종합격투기 시합을 벌인다면 UFC 최강 챔피언 케인 벨라스케즈는 명함조차도 내밀 수 없다. 미적인 면에서도 다르지 않다. 곰, 사슴, 개구리의 눈에도 인간이 기린보다 아름답겠는가.

생물학적 요인을 들어서는 금간 자존심을 회복할 수 없다면, 어떤 반론이 가능한가? 자존심을 회복하기 위해서는 시력, 청력, 민첩성, 힘보다 가치 있는 무엇인가가 인간에게 있어야 한다. 인간을 우월하게끔 하는 그 무엇이 무엇인가?

인간과 개가 불길에 갇혔으나 둘 다를 구할 시간적 여유가 없다고 해보자. 그럴 경우 개를 구하겠다는 사람을 찾기란 쉽지 않을 것이다. 갇힌 인간은 강도 지명수배자이고 개는 오랜 시간을 함께한 사이라면 어떡하겠는가? 강의 중 동일한 질문을 해본 결과 다수가 지명수배자를 구할 것이라 답변했으며, 예상했던 대로 강도 지명수배자일지라도 인간의 가치를 동물의 가치에 견줄 수 없다는 이유에서였다. 어찌 보면 당연하다. 인간중심주의(anthropocentrism) 세계관 이외의 다른 세계관을 배울 기회가 없었기 때문이다. 여하튼 인간의 가치를 동물의 가치에 견줄 수 없다고 생각한다면 이미 인간중심주의, 종차별주의(speciesism) 또는 인간우월주의(human chauvinism)에 편승했다고 보아야 한다.

동물, 즉 인간 이외의 동물(nonhuman animals)의 가치를 인간의 가치에 견줄 수 없다는 것이 어떤 의미인가?

2013년 8월 경북 청송의 한 마을에서 60대 남성이 몸보신 욕심에 이웃집 개를 죽여 냉장고에 보관한 일명 '길용이 사건'이 발생한다. 하지만 경찰이 관례대로 재물손괴혐의를 적용했듯이, 우리의 경우 남이 기르던 동물을 죽여도 재물손괴로 종결되는 것이 일반적이었으며, 2003년 6월 대구 달성군에서 발생한 공장 진돗개 독살 사건, 2003년 8월 대구 동구에서 발생한 이웃집 애완견 둔기 살해사건이 그 대표적인 예가 될 수 있다. 동물보호법으로는 가벼운 처벌밖에 가능하지 않아 그나마 3년 이하의 징역 또는 700만 원 이하의 벌금형이 가능한 형법 제366조의 재물손괴죄를 적용했다는 것이다.[8]

동물 학대의 처벌 수위를 재물손괴의 그것보다 낮게 책정했다는 것은 동물에게는 도구적 가치만이 있기에 도덕적 고려 대상이 될 수 없다고 본 것과 다르지 않다. 이와 같은 신념, 즉 인간에게만 본래적 가치가 있고, 따라서 인간만이 도덕적 고려 대상이 될 수 있다는 신념을 '강한 동물권 부정론'이라 부르기로 하자.

강한 동물권 부정론이 옳다고 해보자. 그래서 동식물은

도구적 가치만을 지녔다면, 동물의 서식지를 파괴하고, 모피를 걸치고, 동물을 공장식으로 사육하고, 공연에 동원하고, 실험에 사용하고, 사냥감으로 삼고, 나무를 베고, 숲을 황폐화시키는 데 도덕적인 문제가 따르지 않는다. 바로 이 신념이 장구한 세월 독점적 지위를 누려왔으나 1960년대에 들어서며 거센 도전에 직면한다.

동물권 옹호론자들은 자각의식(sentience)이 있다는 것이 (도덕적 지위의 핵심인) 도덕적 권리가 있다는 것의 필요조건이라고 주장함으로써 자각의식이 있는 동물의 이익을 도덕적 고려 대상에 포함시키기 위한 토대를 마련하며,[9] 환경보호론자들은 자각의식이 있다는 것이 본래적 가치가 있다는 것의 필요조건일 수 없다고 주장함으로써 숲과 들과 산과 호수와 같이 자각의식은 없으나 본래적 가치를 지닌, 즉 그 자체로서 가치가 있는 대상이 존재할 가능성을 열어놓는다. (환경 전반에 관한 논의는 다음 기회로 미루고 이 책에서는 동물에 초점을 맞추고자 한다.)

강한 동물권 부정론자로서는 '자각의식이 있다는 것이 도덕적 권리가 있다는 것의 필요조건이다'는 명제와 '자각의식이 있다는 것이 본래적 가치가 있다는 것의 충분조건이다'는 명제 모두를 부정해야 한다. 따라서 그들은 이성 능력, 도덕 능력, 언어 능력을 가졌다는 것이 도덕적 지위를 가졌다는 것의 필요조건이라고 주장함으로써 첫째 명제를 부정하고자 하며, 위의 능력들을 가졌다는 것이 본래적 가치를 지녔다는 것의 필요조건이라고 주장함으로써 둘째 명제를 부정하고자 한다.

강한 동물권 부정론

동물은 인간과 달리 이성, 도덕, 언어 능력을 갖지 못했으므로 도덕적 지위를 갖지 못했다.

우리나라의 경우 남의 개를 잡아먹어도 동물 학대죄를 적용하는 대신 형량이 높은 재물손괴죄를 적용하는 것이 일반적이었던 반면,[10] 1992년 캘리포니아 주 빅토빌 지방법원은 이웃집 애완견을 잡아먹은 조셉 베라에게 동물 학대죄를 적용, 징역 3년의 실형을 선고한 바 있다. 선진국이 동물 학대에 대해 최대 10년의 징역형에 처하도록 한 것은 동물의 도덕적 지위를 인정함으로써 동물을 도덕적 고려 대상으로 보았다는 말과 다르지 않다.

하지만 조셉 베라가 이웃을 대상으로 동일한 범죄를 저질렀다고 해보자. 그렇다면 분명 법정최고형이 내려졌을 것이다. 동물에게도 도덕적 지위가 있으나 인간의 지위에는 비견될 수 없다면 그 이유를 설명할 수 있어야 한다. 이 물음을 놓고 이성, 도덕, 언어 능력면에서 인간이 동물보다 우월하기 때문이라고 답변함으로써 동물권 부정론자로서의 정체성을 유지하는 진영을 '약한 동물권 부정론자'라 부르기로 하자.

약한 동물권 부정론

인간의 이성, 도덕, 언어 능력이 동물의 이성, 도덕, 언어 능력보다 우월하므로 도덕적 지위도 우월하다.

위의 두 형태의 동물권 부정론자가 인간의 선천적인 능력에 기대어 인간의 우월성을 주장했다면, 또 한 부류는 인간의 영적 우월성을 내세워 동물권을 부정하는 입장을 견지해 왔다. 그들에 따르면 신이 인간에게 영혼을 선사함으로써 제왕적인 지위를 부여했다는 것이다.

물론 영적 우월성과 선천적 우월성을 겸비했다는 이유로 인간만이 본래적 가치를 지녔다는 주장도 중세 이후로 19세기까지 그 명맥을 유지했다. 예컨대 중세 스콜라 철학을 대표하는 아퀴나스(Thomas Aquinas, 1225~1274)는 영혼과 이성을 결부시켜 동물에게 이성이 결여된 이유는 영혼이 없기 때문이라고 설명하며, 이 후 동물은 신의 형상대로 창조되지 않았기에 이성이 없고, 따라서 본래적 가치가 없다는 믿음이

널리 자리한다.

이제 동물권 부정론의 윤곽이 드러난 셈이다. 하지만 그 동안 듣고 배운 것 이상의 내용은 없었다. 다시 말해 동물권 부정론을 재고할 이유를 찾을 수는 없었으나, 동물에게는 도덕적 지위가 없다는 그리고 동물의 도덕적 지위가 인간의 지위보다 열등하다는 주장의 의미를 짚어보면 동물권 부정론의 면모를 보다 정확히 파악할 수 있다.

우리에게 옷을 입을 권리가 있다는 것이 타인의 옷을 빼앗을 수 있다는 말도, 타인에게 옷을 제공하라고 요구할 수 있다는 말도 아니다. 옷을 입을 권리는 옷을 제공하라고 타인에게 요구할 수 있는 적극적인 요구권(positive claim-right)이 아닌 소극적인 요구권(negative claim-right)으로서 옷을 입지 못하게 방해하지 말아야 할 소극적인 의무만을 타인에게 부과하는 권리다. 배불리 먹을 권리, 맛있는 음식을 먹을 권리, 넓은 집에서 살 권리, 건강하게 살 권리, 하고 싶은 것을 할 권리 역시 동일한 성격의 권리로 이해해야 한다.

모피를 걸치거나 실험에 사용할 권리와 같이 동물을 상대로 한 권리를 생각해보자. 그와 같은 권리를 주장하는 것은 그들 권리는 옷을 입을 권리와는 성격을 달리한다고 주장하는 것과 다르지 않다. 설명된 바와 같이 옷을 입을 권리는 타인의 소극적인 권리를 침해할 수 있는 권리도 타인에게 적극적인 의무를 부과하는 권리도 아니다.

하지만 강한 동물권 부정론을 옹호하며 모피를 걸칠 권리나 실험에 사용할 권리 등을 주장하는 것은 동물에게는 고통과 죽임을 당하지 않을 소극적인 권리란 없고 단지 인간을 위해 고통을 감수하고 목숨을 바쳐야 할 적극적인 의무만이 있다고 주장하는 것과 다르지 않다.

한편 약한 동물권 부정론을 옹호하며 그와 같은 권리를 주장하는 것은 인간의 이익과 동물의 이익이 충돌할 경우 그들 권리는 동물의 소극적인 권리를 침해할 수 있는 성격을 그리고 동물에게 적극적인 의무를 부과하는 성격을, 띤다고 주장하는 것과 다르지 않다.

동물권 옹호론자들이 동물에게 무상보육, 의무교육, 의료보험 혜택을 받을 권리와 같은 적극적인 권리가 있다고 주장하지 않는다. 인간에게 해를 끼치지 않을 의무와 같은 소극적인 의무가 없다고 주장하는 것도 아니다. 단지 목숨을 빼앗기지 않을, 고통을 당하지 않을, 삶의 터전을 빼앗기지 않을 권리와 같은 소극적인 권리가 있다거나, 인간을 위해 고통을 감수하고, 목숨을 바치고, 삶의 터전을 내어줄 적극적인 의무가 없다고 주장할 뿐이다.

인간과 인간 사이의 권리와 의무를 놓고 소극적인 권리가 없다거나 적극적인 의무가 있다고 해석한다면 터무니없다고 보아야 한다. 하지만 동물의 권리를 부정하는 사람들은 인간과 동물을 놓고는 위의 해석이 가능하다는 것이다.

정말로 신이 인간에게 제왕적 지위를 부여했는가? 동물에게는 이성, 도덕, 언어 능력이 없는가? 그들 능력이 없다는 것이 도덕적 지위가 없다는 것을 함축하는가? 능력면에서 우월하다는 것이 도덕적 지위가 우월하다는 것을 함축하는가?

2

존재의 거대한 사슬,
창조섭리의
거대한 왜곡

환경 파괴와 동물의 고통에 무감한 기독교인은
사후에 횡령혐의와 재물손괴혐의로 추궁당할 수 있음을 잊지 말아야 한다.

신앙인을 자처하며 모피를 걸치거나 개고기에 탐닉하고 동물실험과 환경 파괴에 앞장서는 사람들을 어렵지 않게 찾을 수 있다. 신이 마련해준 환경이고, 신의 피조물인 동물의 가죽을 산 채로 벗겨 만든 모피이며, 신의 피조물인 동물을 처참하게 사육, 도살해 장만한 고기이고, 신의 피조물인 동물의 고통을 대가로 진행하는 실험인데도 말이다. 그런데도 신앙인으로서 긴장감을 갖지 않는 이유는 인간이 영적으로, 따라서 이성 면에서도 우월하다는 확신 때문이다.

인간이 동물보다 영적으로 우월하다는 것이 인간은 본래적 가치를 지닌 반면 동물은 도구적 가치만을 지녔다는 것을 함축하는가? 또는 인간만이 도덕적 지위를 가졌다는 것을 함축하는가? 함축한다면 어떤 이유에서 그렇게 보아야 하는가?

기독교인이 아닌 사람에게는 이런 물음 자체가 와 닿지 않을 수 있으나 기독교인이라면 이미 모범답안이 떠올랐을 것이다. "하나님의 형상대로 사람을 창조했다"는 그리고 "바다의 고기와 공중의 새와 땅 위에서 살아 움직이는 모든 생물을 다스려라 하셨다"는 성서의 구절을 익히 들어왔을 것이기 때문이다.

하지만 필자의 경우 기독교 유일신을 부정하지 않음에도 위의 구절들이 인간의 우월성을 보여주는 열쇠가 될 수 있다는 데는 우려를 표하지 않을 수 없다. 그 이유는 앞으로 설명될 것이나, 무엇보다도 그로 인해 신의 피조물인 동물은 이유 없이 주홍글씨의 멍에를 안고 살아야 했고 면죄부를 손에 넣은 인간은 동물을 착취 대상으로 삼는 데 거칠 것이 없었기 때문이다.

재산에 대한 배타적 소유권을 주장한 영국의 철학자 로크(John Locke, 1632~1704)가 기독교에 조예가 깊었음에도 동물의 권리 때문이 아닌 인간에 대한 마음이 냉담해진다는 이유로 동물 학대를 반대한 것을 보아도 알 수 있듯이, 동물은 도덕적 그리고 법적 고려 대상일 수 없다는 신념에 위의 성서 구절이 한몫한 것이 사실이다.

샌프란시스코 고등법원의 베아(Carlos T. Bea) 판사는 먹기 위해 동물을 죽일 권리가 있다는 이유로 1998년 7월 동물보호운동가들이 제기한 소송을 기각하며 "땅 위에서 살아 움직이는 모든 생물을 다스려라 하셨다"는 위의 성경 구절을 직접 인용하기까지 했다.

하지만 신이 어떤 존재인가? 기도 대상으로서의 신을 생각해보자. 신은 전지하고 전능한 존재라야 한다. 전지하지 않다면 기도 내용을 알지 못할 수 있으며, 전능하지 않다면 기도 내용을 알아도 들어주지 못할 수 있기 때문이다. 뿐만 아니라 전애(全愛)의 속성도 가져야 한다. 기도 내용을 알고 들어줄 능력이 있어도 악한 이유로 들어주지 않을 수 있기 때문이다. ('전애하다'는 것은 '완전히 선하다'는 말로서 선을 어떻게 정의하느냐에 따라 '완전히 정의롭다', '완전히 자비롭다' 등으로 표현될 수 있다.) 전통적으로 기독교 유일신을 전지하고, 전능하고, 전애한 존재, 즉 완전한 존재(perfect being)로 정의한 이유가 여기에 있다.

이제 인간이 동물보다 영적으로 우월하다는 것이 인간은 본래적 가치를 지닌 반면 동물은 도구적 가치만을 지녔다는 것을 함축한다는 데 대해 의문을 가져야 하는 이유를 알 수 있다. 즉 완전히 정의롭고, 완전히 자비로운 신이 동물을 도구적 가치만을 지닌 존재로 창조했겠냐는 것이다. 그랬다는 것은 산 채로 동물의 가죽을 벗기고, 동물을 처참하게 사육해 도살하는 것을 신이 용인했다는 말과 다르지 않다. (동물이 도구적인 가치만을 지녔다면 양질의 모피를 얻기 위해 산 채로 가죽을 벗기는 등의 행위도 문제가 되지 않는다.) 신이 정말로 동물을 도구적 가치만을 지닌 존재로 창조한 것인가?

필자의 경우 신이 존재하지 않는다는 확신이 서지 않는 한 그와 같이 주장하는 일은 없을 것이다. 마치 신의 전애성을 부정하는 것으로 들리며, 따라서 신의 존재를 부정하는 것으로 들리기 때문이다.

그럼에도 역사적으로 기독교인들이 그와 같이 주장한 이

발라데스(Didacus Valades)가 1579년 그린 존재의 거대한 사슬로서, 오른쪽엔 날개를 달고 지옥으로 추락하는 타락천사를 그려넣었다.

유가 무엇인가? 이 물음에 대한 그들의 답변은 존재하는 모든 것은 신을 정점으로 천사, 인간, 동물, 식물, 무생물 순으로 엄격한 위계를 이룬다는 '존재의 거대한 사슬(great chain of being)'에서 찾을 수 있다.

신이 인간에게 제왕적 지위를 부여했는가?

고대 그리스의 철학자 아리스토텔레스는 인간의 영혼을 세 부분으로 나눠 설명한 스승 플라톤의 견해를 발전시켜 영혼을 인간, 동물, 식물의 영혼 순으로 서열화한다. 그에 따르면 세 무리 모두 영양과 생식작용을 가지나 식물은 감각, 욕구작용을 갖지 못하므로 동물과 인간보다 하등하고, 본능적인 행동만이 가능한 동물은 이성적인 행동도 가능한 인간보다 하등하다. 이들 세 무리 사이에는 천성적 기능에 기인한 위계가 존재하기에 식물의 기능은 동물과 인간의 필요에 부응하는 데 그리고 동물의 기능은 인간의 필요에 부응하는 데 있다는 것이다.

아리스토텔레스의 견해는 반세기가 지나 기독교 신비주의에 지대한 영향을 끼친 신플라톤주의자 플로티누스(Plotinus, 204~270)에 의해 '존재의 거대한 사슬'로 환골, 기독교와 조우하며 중세 기독교 우주론의 핵심 요소로 자

신

↓

천사

치품천사(Seraphim), 지품천사(Cherubim), 좌품천사(Ophanim),
주품천사(Dominationes), 역품천사(Virtus), 능품천사(Potestates),
권품천사(Principatus), 대천사(Archangelus), 천사(Angelus) 순

↓

인간

왕(여왕), 교황, 공작, 대주교, 후작, 주교, 백작, 자작, 남작, 수도원장과
부제, 기사, 대상인, 가게 운영자, 소상인, 도시 파수꾼, 가사일 하는
하인, 농부, 양치기, 거지, 도둑, 불구자, 나환자, 범죄자 순.
(또는 교회는 별도로 교황, 대주교 … 평신도 순. 가톨릭은 왕보다 교황이
상위 내지는 왕과 동위에 있다고 보았다.)

↓

동물

사자 또는 코끼리를 필두로 길들여진 포식동물, 포식동물, 가축,
야생 초식동물, 맹금류, 부육을 먹는 조류, 곤충을 먹는 조류, 씨앗을
먹는 조류, 고래를 필두로 어류, 파충류, 양서류, 곤충, 고착생물, 뱀 순

↓

식물

오크 트리를 필두로 나무, 관목, 덤불, 곡물, 허브, 양치식물, 잡초,
곰팡이, 이끼류 순

↓

무생물

보석, 귀금속, 그 밖의 광물 순[1]

리한다.

르네상스 시대까지도 황금기를 구가한 존재의 거대한 사슬론에 따르면('사슬론'이라 칭하기로 하자) 존재하는 모든 것은 궁극적 일자인 신에 의해 설정된 확고부동한 위계를 갖는다.

신이 존재한다고 해보자. 그리고 태초에 신이 우주를 창조했다고 해보자(창세기, 1장 1절). 그렇다면 사슬론을 신뢰해야 하는가?

《네이처》에 남성과 여성의 유전적 차이가 1%에 달한다는 내용의 연구논문이 실린 바 있다. 반면 침팬지의 유전자 지도를 공동 해독한 5개국 23개 연구기관에 따르면, 인간과 침팬지 모두 약 30억 개씩 있는 A, C, T, G 염기 조합 중 서로 다른 것은 약 4천만 개로 인간과 침팬지의 유전자 차이는 1.2%에 지나지 않는다.

남성과 여성의 유전적 차이를 감안할 때 인간과 침팬지의 유전적 차이에 의미를 부여할 수 없다는 말로서, 유전적 또는 생물학적 관점으로는 인간이 동물보다 상위서열을 점하고 있다는 데 대한 설명이 가능하지 않다는 말이다.

그럼에도 사슬론 옹호론자들이 천지 만물은 엄격한 위계를 이룬다고 주장하는 이유는 상위서열의 존재는 하위서열의 존재가 가진 속성에 더해 하위서열의 존재가 갖지 못한 다른 우월한 속성을 가졌기 때문이라는 것이다. 즉, 그들에 따르면 신이 서열상 정점에 있는 이유는 서열상 2위인 천사가 가진 속성에 더해 전지, 전능, 전애의 속성을 가졌기 때문이며, 천사가 서열상 3위인 인간보다 상위서열을 차지하는 이유 역시 인간이 가진 속성에 더해 인간이 갖지 못한 불멸이라는 속성을 가졌기 때문이다.

마찬가지로 인간, 동물, 식물, 무생물 순으로 서열이 매겨진 이유 역시 인간은 하위서열이 갖지 못한 속성을 가졌기 때문이라고 말한다. 그렇다면 하위서열인 동식물은 갖지 못했으나 인간은 가진 속성이 무엇인가? 사슬론 옹호론자들은 그 해답을 성서에서 찾는다.

"하나님이 당신의 형상대로 사람을 창조하셨으니, 곧 하나님의 형상대로 사람을 창조하셨다"(창세기 1장 17절).

위의 구절에 문제의 속성에 대한 직접적인 언급이 없으므로 사슬론 옹호론자들은 "하나님의 형상대로 사람을 창조했다"는 것을 인간을 영적인 존재로 지었다는 의미로 해석하고, 그럼에도 불멸의 속성을 갖지 못한 이유는 인간의 영혼은 신, 천사의 영혼과 달리 육체에 매듭지어진 영혼이기 때문이라는 설명을 가한다.

인간이 동식물보다 서열상 우위를 점하는 이유는 인간은

영육적인 그리고 이성을 가진 존재로서, 한마디로 신을 더 닮았기 때문이라는 것이다. (설명된 바와 같이 아퀴나스는 동물에게 이성이 없는 이유를 영혼이 없기 때문이라고 설명한다.)

신: 존재(영적), 생명, 의지, 이성, 불멸, 전지, 전능, 전애
천사: 존재(영적), 생명, 의지, 이성, 불멸
인간: 존재(영육적), 생명, 의지, 이성
동물: 존재(육적), 생명, 의지
식물: 존재(육적), 생명
무생물: 존재

식물의 기능은 동물과 인간의 필요에 부응하는 데 있고 동물의 기능은 인간의 필요에 부응하는 데 있는 것과 같이, 하위서열 사람의 기능은 상위서열 사람의 필요에 부응하는 데 있다고 해보자. 그렇다면 영국 왕 제임스 1세의 생각대로 왕은 신으로부터 국가의 전권을 부여받았다고 보아야 한다. "왕정이란 이 세상에서 최고의 것이다. 왕들은 지상에서의 주님의 대리자로서 주님의 권좌에 앉았을 뿐 아니라 주님 스스로 그들을 신성하다고 하기 때문이다". 왕권신수설이 옳았는가? 따라서 왕에 대한 반역은 신에 대한 반역이었는가? 왕정을 폐기한 것 역시 신성모독이었는가?

의회를 비롯한 국가의 모든 기관과 국민의 역할이 전권을 부여받은 왕의 필요에 부응하는 데 있었다면, 농부의 역할이 상인 등 상위서열 사람들의 필요에 부응하는 데 있었다면, 거지의 역할이 양치기 등 상위서열 사람의 필요에 부응하는 데 있었다면, 자유와 평등이라는 민주주의의 기본이념은 허구로 보아야 한다. 과연 그런가?

사슬론 옹호론자에게도 인간의 하위분류는 부담일 수밖에 없으나, 그들은 동식물의 하위분류에 대해서는 나름 자신감을 보인다. 예컨대 고양이를 실험동물로 사용했을 때와 개구리를 사용했을 때의, 차에 치인 청둥오리와 지렁이를 목격했을 때의, 소나무와 아카시아나무를 벨 때의 연민의 강도가 같지 않다는 이유에서다.

하지만 그 이유를 서열로 돌리는 것은 자의적인 해석으로 보아야 한다. 들고양이들로 인해 개구리가 멸종 위기에 처했다면, 오크나무가 햇볕을 가려 아카시아나무가 멸종 위기에 처했다면, 연민의 강도가 바뀔 수 있다는 것을 서열로는 설명할 수 없기 때문이다.[2]

인간과 동식물의 하위분류를 놓고는 사슬론을 신뢰할 수 없다면, 상위분류, 즉 신이 인간을 동식물보다 상위서열에 두었다는 주장은 어떠한가? "동물에게 고통을 주지 말아야 한다"는 동물보호론자의 충고에 어떤 모피애호가가 반발했다고 해보자. 이와 같은 경우에는 양측 모두에게 거증책임 (burden of proof)이 있다고 보아야 한다.

하지만 '신이 인간을 동식물보다 상위서열에 두었다'는 주장의 경우는 '동물에게 고통을 주지 말아야 한다', '한 해에 소비되는 개가 200만 마리에 달한다', '쿠바의 수도는 아바나다' 등의 주장과 달리 부정하는 측에게 거증책임이 없다고 보아야 하는 것은 아닌가? 따라서 주장하는 측이 증거를 제시하지 못한다면 논의 대상이 될 수 없는 것은 아닌가?

제왕적 지위를 입증할 책임이 누구에게 있는가?

"부정적인 주장은 증명 가능하지 않다". 신의 증명 문제를 놓고 무신론자들로부터 흔히 듣는 말이다. '신은 존재하지 않는다'와 같은 부정적인 진리주장(negative truth claim)은 증명할 수 없기에 신의 존재를 주장하는 측에 거증책임이 있다는 것이다.

하지만 모든 부정적인 진리주장이 증명 가능하지 않다는 것은 과하다고 보아야 한다. 예컨대 '타원형 네모를 그릴 수 없다', '미닫이문을 동시에 열고 닫을 수 없다'는 주장과 같이 논리적 확실성을 담보하는 부정적인 진리주장은 증명 가능하며, 오히려 '타원형 네모를 그릴 수 있다', '미닫이문을 동시에 열고 닫을 수 있다'와 같은 긍정적인 진리주장은 증명 가능하지 않다고 보아야 한다. 따라서 이들 주장은 부정하는 측에 오히려 거증책임이 있다고 보아야 한다.

뿐만 아니라 '내 컴퓨터에 고양이가 없다', '당신 전화기에 사람이 없다'와 같은 개연성을 담보하는 부정적인 진리주장역시 증명 가능하다고 봐야 한다. 따라서 '내 컴퓨터에 고양이가 있다', '당신 전화기에 사람이 있다'와 같은 주장은 양측 모두 거증책임으로부터 자유로울 수 없다.

신의 존재에 대한 부정적인 진리주장은 어떠한가? 철학자 러셀(Bertrand Russell, 1872~1970)에 따르면, "내가 만일 지구와 화성 사이에 도자기 찻주전자 하나가 태양 주위를 타원 궤도로 공전하고 있다고 말하고, 그 찻주전자는 너무 작아 최고 성능의 망원경으로도 볼 수 없다고 덧붙인다면, 아무도 내 주장을 반증하지 못할 것이다. 그러나 한 걸음 더 나아가 내 주장은 반증될 수 없기에 그것을 의심하는 것은 인간의 이성이 만든 납득할 수 없는 억측이라고 한다면, 이는 터무니없는 주장임에 틀림없다. 하지만 만약 그러한 주전자가 고대서적에 적혀 있고, 매주 일요일마다 신성한 진리로 가르쳐지며, 학교에서 아이들의 머릿속에 주입된다면, 그것의 존재를 확신하지 못하는 것은 기행의 징표이자 정신과 의사의 관심 내지는 과거로 치면 종교재판관의 관심을 사로

잡을 만한 행동일 것이다".[3)]

러셀의 말대로 어떤 주장을 반증할 수 없다고 해서 그것을 의심하지 말아야 한다는 것은 터무니없다고 보아야 한다. 태양 주위를 공전하는 찻주전자를 믿지 않는 측은 그것을 반증할 수 없기에 거증책임으로부터 자유롭다면, 신과 찻주전자를 동일선상에서 이해할 수 있는가?

동물행동학자이자 진화생물학자인 도킨스(Richard Dawkins)는 러셀의 '찻주전자 논변(teapot argument)'에 편승해 다음과 같이 주장한다. "누군가가 한번쯤은 존재한다고 믿었던 것들이 무수히 많으며, 아무도 믿지 않았던 것 역시 무수히 많다. 그것들 중 어떤 것이든 존재한다고 믿어야 할 이유가 전혀 없다면, 왜 신경을 쓰는가. 신, 날아다니는 스파게티 괴물, 요정 등의 존재를 증명해야 할 거증책임은 그들의 존재를 믿는다고 말하는 이가 안아야 한다. 우리가 그들의 존재를 반증해야 하는 것이 아니다".[4)]

하지만 철학자 체임벌린(Paul Chamberlain)은 다른 견해를 보인다. "도킨스의 예를 다음의 예로 대체하면 어떻게 되는지 생각해보자. 여러분 친구가 파인애플이나 코뿔소가 존재하지 않는다고 말하거나 조지 워싱턴, 윈스턴 처칠, 네로가 실제 역사적 인물이 아니라고 말한다면 어떻겠는가? 한술 더 떠 세계무역센터가 9월 11일에 공격당한 것이 아니고 홀

로코스트 따윈 없었다고 주장한다면 어떻겠는가? … 이 모두가 소극적인 주장임에도 거증책임으로부터 자유로울 수 없다".[5] 다시 말해 "진리주장의 경우 그것이 긍정적인지 부정적인지에 무관하게 거증책임을 안아야 한다".[6]

물론 파인애플과 코뿔소의 존재를 놓고는 부정적인 진리주장을 하는 측에게도 거증책임이 있다고 보아야 한다. 그럼에도 태양 주위를 공전하는 찻주전자 또는 날아다니는 스파게티 괴물의 존재를 부정하는 측은 거증책임으로부터 자유롭다는 것이 여전히 자연스러운 이유는 무엇인가? 체임벌린은 그 이유를 그들 캐릭터의 특성에서 찾는다. "이빨요정이 존재하지 않는다는 주장을 놓고 이유를 제시하라는 사람은 없다. 성인이라면 이빨요정을 믿지 않을 것이기 때문이다. 이빨요정이 존재하지 않는다고 주장할 경우 거증책임으로부터 자유로운 이유는 그 주장이 부정적인 주장이라서가 아닌 이빨요정이 황당한 캐릭터이기 때문이다. 이빨요정을 플라톤, 네로, 윈스턴 처칠, 조지 워싱턴과 같이 평범하고 우스꽝스럽지 않은 인물로 대체해보자. 그들이 존재하지 않았다고 주장하는 측은 존재했다고 주장하는 측과 동일한 정도의 거증책임을 안아야 하며, 경우에 따라서는 존재했다는 측보다 더 큰 거증책임을 안을 수 있다".[7]

체임벌린의 주장이 옳다고 해보자. 따라서 스파게티 괴물,

찻주전자, 이빨요정의 존재를 부정하는 측이 거증책임으로부터 자유로워 보이는 이유는 부정하고자 하는 대상이 황당한 캐릭터이기 때문이라고 해보자. 다시 말해 그들이 존재하지 않는다고 주장해도 그 이유를 제시하라는 사람이 없기에 거증책임으로부터 자유로워 보이나, 실제로는 그들의 존재를 부정하는 측도 거증책임으로부터 자유롭지 않다고 해보자. 그렇다면 거증책임 물음을 놓고 '날아다니는 스파게티 괴물이 존재한다', '지구와 화성 사이에 도자기 찻주전자가 태양 주위를 타원 궤도로 공전하고 있다'는 주장과 다음의 두 주장 사이에 차이가 없어야 한다.

– 날아다니는 스파게티 괴물이 체임벌린의 바지주머니에 살고 있다.
– 체임벌린으로부터 3m 떨어져 도자기 찻주전자 하나가 그의 주위를 돌고 있다.

'날아다니는 스파게티 괴물이 존재한다', '지구와 화성 사이에 도자기 찻주전자가 태양 주위를 타원 궤도로 공전하고 있다'는 주장의 경우 믿을 근거도 반증할 근거도 없다. 따라서 이들 주장을 부정하는 측의 거증책임은 주장하는 측이 제시하는 증거를 반증하는 데서 그친다고 보아야 한다. 즉,

주장하는 측이 실체적인 증거 E1(E2, E3…)을 제시한 경우에 한해 그(들) 증거를 퇴색시킬 다른 증거를 제시하거나 기존의 설명이 그(들) 증거를 압도한다고 보아야 하는 이유를 제시하는 데서 거증책임이 끝난다고 보아야 한다.

하지만 위의 두 주장은 믿을 근거는 없으나 반증할 근거가 없다고는 할 수 없다. 즉, 이들 주장의 경우 황당한 캐릭터를 말하고 있음에도 경험적인 조사를 통해 거짓임을 입증하는 것이 가능하다. 다시 말해 체임벌린의 주장과 달리 황당한 캐릭터를 말하고 있는지의 여부가 아닌 경험적인 조사를 통해 입증 가능한지가 관건이라고 보아야 한다.

동일한 이유로 러셀과 도킨스에 대해서도 의문을 제기할 수 있다. 그들은 거증책임 물음을 놓고 신이 존재한다는 주장과 찻주전자, 스파게티 괴물, 이빨요정이 존재한다는 주장을 동일선상에서 이해한다. 물론 찻주전자, 스파게티 괴물, 이빨요정의 경우 그것이 존재한다고 믿을 근거도 반증할 근거도 없으며, 따라서 그들의 존재를 주장하는 측이 제시하는 증거를 반증하는 데서 거증책임이 끝난다고 보아야 한다.

하지만 신의 존재 문제를 놓고는 무신론자의 거증책임이 유신론자가 제시한 증거를 반증하는 데서 그친다고 할 수 없다. 찻주전자, 스파게티 괴물, 이빨요정과 달리 신의 경우는 유신론자가 제시한 증거 모두를 반증했다고 해도 여전히 신의 존재를 반증할 길이 열려 있기 때문이다. 즉, 신이 우주 만물을 창조하지 않았다면 신은 존재하지 않는다고 보아야 하므로, 신을 대체해 우주만물의 생성 과정과 존재방식을 설명해야 할 책임이 있다고 보아야 한다.

이제 '신이 인간을 동물보다 상위서열에 두었다'는 주장을 다음의 두 주장 중 어느 주장의 범주에 넣어야 할지가 문제다. (사슬론을 따라 신이 존재한다고 해보자.)

- 신이 존재한다.
- 날아다니는 스파게티 괴물이 존재한다.

신이 존재한다는 것이 신이 인간을 동물보다 상위 서열에 두었다는 것을 함축하지 않는다. 또한 사슬론을 부정하는 측에서는 신이 인간을 상위서열에 두었다는 주장을 믿을 근거도 반증할 근거도 없다. 신이 인간을 상위서열에 두었다는 주장은 '날아다니는 스파게티 괴물이 존재한다'는 주장의 범주에 넣어야 한다는 말로서, 사슬론을 부정하는 측에서는 사슬론 옹호론자가 실체적인 증거 E1(E2, E3…)을 제시한 경우에 한해 그(들) 증거를 퇴색시킬 다른 증거를 제시하거나 기존의 설명이 그(들) 증거를 압도한다고 보아야 하는 이유를 제시하는 데서 거증책임이 끝난다고 보아야 한다는 말이다.

이상에서 알아본 바와 같이 사슬론 옹호론자가 제시하는 실체적인 증거를 부정할 수 있다면 사슬론을 신뢰하거나 부정해야 할 더 이상의 이유는 없다고 보아야 한다. 이제 사슬론 옹호론자들이 제시하는 증거를 평가함으로써 사슬론에 대한 평가에 들어가기로 하자.

신을 더 닮았다는 것이 서열상 우위에 있다는 것을 함축하는가?

사슬론 옹호론자들은 신이 서열상 정점에 있는 이유를 서열상 2위인 천사가 가진 속성에 더해 전지, 전능, 전애의 속성을 가졌다는 데서 찾는다. 인간보다 상위인 서열 2위가 천사에 걸맞은 이유 역시 인간이 가진 속성에 더해 인간이 갖지 못한 불멸이라는 속성을 가졌기 때문이라고 설명하며, 인간, 동물, 식물, 무생물 순으로 서열이 매겨진 이유에 대해서도 동일한 설명을 가한다. 한마디로 신을 더 닮았기에 인간이 동물보다 상위서열을 차지한다는 것이다. 하지만 그들의 설명이 설명력을 가질 수 있을지 의문이다.

스페인어에 능통할 뿐 아니라, 트럼펫과 검도 그리고 바둑에도 고수인 어떤 가장이 세 쌍둥이 갑수, 을수, 병수를 두었다고 해보자. 그리고 셋 사이에 소질과 능력면에서 차이가 없음에도 병수에게는 스페인어, 트럼펫, 검도를 가르쳤고 을수에게는 트럼펫과 검도를 가르친 반면, 갑수에게는 검도만을 가르쳤다고 해보자. 따라서 병수, 을수, 갑수 순으로 가장을 닮았다고 해도 그것이 그들 순으로 서열이 정해졌다는 것을 의미하지 않는다. 인간이 동식물보다 신을 더 닮았다는 것을 두고는 어떤 해석을 내려야 하는가? 이 역시 서열과는 무관한 것은 아닌가?

사슬론을 옹호하기 위해서는 병수가 을수와 갑수보다 아버지를 닮았다는 데는 의미를 부여할 수 없는 반면 인간이 동물보다 신을 닮았다는 데는 의미를 부여해야 하는 이유를 설명할 수 있어야 한다. 사슬론 옹호론자로서 어떤 답변이 가능한가? 그들로서는 신의 권위에 의존해 인간을 신과 더 닮게 한 주체가 신이기 때문이라는 답변밖에는 가능하지 않다고 보아야 한다. 하지만 신이 서열에 무관하게 그렇게 했을 가능성이 열려 있을 뿐 아니라, 위의 답변이 안고 있는 보다 근본적인 문제는 신의 전애성을 훼손한다는 데 있다.

설명된 바와 같이 신은 전애한, 즉 완전히 정의로운 존재이다. 따라서 위의 답변이 설명력을 갖기 위해서는 인간을 자신과 더 닮게 만든 것이 신의 입장에서 정의로웠어야 한다. 완전히 정의로운 신이 인간을 자신과 더 닮게 만들고 동물에 대한 전권을 부여할 수 있는가?

정수와 무수 두 쌍둥이를 둔 아버지가 능력과 소질에 무관하게 정수에게만 트럼펫을 가르쳤다고 해보자. 그리고 트럼펫을 다룰 줄 안다는 이유로 정수가 무수에 대한 전권을 가진다고 선언했다고 해보자. 그렇다면 임의적으로 정수를 선택해 무수에게 부당한 대우를 했다고 보아야 한다. 즉, 아버지가 정의롭게 서열을 매겼다고 할 수 없다. 인간을 자신과 더 닮게 만들고 동물에 대한 전권을 부여한 신은 어떠한가?

신이 임의적으로 서열을 매기고 동물에게 부당한 대우를 했다는 의문을 해소하기 위해서는 신이 특별히 인간을 선택한 이유가 있었어야 한다. 하지만 그와 같은 이유가 있을 수 없다는 것이 문제다. 창세기에 따르면 신이 무에서 인간과 동물을 창조했기 때문이다.[8] 바꿔 말하면 신의 전애성을 훼손하지 않고는 사슬론이 말하는 위계의 근원을 신에서 찾을 수 없다고 보아야 한다. 완전히 정의로운 신이 사슬론이 말하는 위계의 주체일 리 없다는 뜻이다.

사슬론 옹호론자로서는 사슬론의 원형을 훼손하는 대가를 치러서라도 인간의 자존심만큼은 지켜내고 싶을 것이다. 따라서 신이 위계를 설정했다는 주장을 포기하고, 어떻게든 신을 닮았다는 것과 위계 사이의 연관성을 찾으려 할 수 있다. 그것이 그들에게 남은 선택지일 것이나, 애석하게도 그것조차 여의치 않다고 보아야 한다.

희대의 살인마 강호순은 사이코패스 테스트에서 24점을

그리고 유영철은 34점을 받은 반면, 엽기적인 범죄 행각으로 세간을 흔든 엄 모 여인은 만점인 40점을 받았다고 한다. 강호순보다 유영철이 자신을 더 닮았다는 이유로 강호순을 유영철의 몸종으로 부려야 한다고 엄여인이 주장했다고 해보자. 유영철이 아닌 이상 거기에 장단을 맞출 수 없으며, 그 이유로 악한 평가기준을 적용해 서열을 매겼기 때문이라는 설명이 가능하다.

마찬가지로 신을 더 닮았는지의 여부로 서열을 매겨야 한다는 주장이 성립하기 위해서는 선한 평가기준 전제가 충족돼야 한다. 신을 닮았는지의 여부를 선한 평가기준으로 보아야 하는 이유가 무엇인가? 그 이유를 설명할 수 없다면 위의 주장은 가능하지 않으나, 인간중심적 관점에서의 설명밖에는 가능하지 않다는 것이 문제다. 즉, 모피를 입을 수 있기 때문이라는, 미각을 즐겁게 하기 때문이라는, 가학적 욕구를 충족시키기 때문이라는 등의 인간의 목적에 부합하기 때문이라는 설명만이 가능하지만, 이는 탈인간적 관점에서는 선한 평가기준이 아니라고 실토하는 것과 다르지 않다. 신을 더 닮았는지의 여부로 서열을 매겨야 한다는 것은 인간중심적 관점에서의 아전인수격 해석으로 보아야 한다는 말이다.

창세기 1장 28절이 우리에게 면죄부를 부여했는가?

"동물에게 잔인한 자가 좋은 사람일 수 없다고 확신해도 좋다". 고통에 대해 독특한 취향을 가진 사람이 아니라면 쇼펜하우어에 이의를 제기하지 않을 것이다. 동물에게 잔인하거나 동물의 고통에 둔감한 사람이 좋은 사람일 수 없다고 단정해도 좋다는 말이다.

쇼펜하우어가 너무 점잖게 표현했다는 아쉬움이 남는다면 러시아의 대문호 톨스토이(Lev Nikolayevich Tolstoy, 1828~1910)로 눈을 돌리는 것이 그 아쉬움을 달랠 좋은 방법일 수 있다. 그는 보다 강한 어조로 "도살장이 존재하는 한 인간 살육장도 존재할 것이다"고 단언했기 때문이다.

한 대상의 고통에 대한 불감증이 다른 대상으로 이어지는 경우를 익히 보아왔다. 그 대상이 인간인지 동물인지에 무관하게 말이다. 지난 10년간 4일에 한명 꼴로 밀렵 감시대원이 사망했고, 그들 중 대다수가 밀렵꾼의 손에 살해당했다고 한다. 연쇄살인범들이 공통적으로 동물을 학대한 경험을 갖고 있다는 것 역시 동물에 대한 잔혹 행위가 인간에 대한 잔혹 행위로 이어질 수 있다는 것을 보여주는 좋은 예가 될 수 있다.

개사육장을 운영하며 개에게 잔혹 행위를 일삼았던 연쇄살인범 강호순은 "개를 많이 잡다 보니 사람을 죽이는 것도 아무렇지 않게 느껴지게 됐고 살해 욕구를 자제할 수 없었다"고 토로한 바 있다. 아이들을 대상으로 광란의 살인극을 벌인 김해선 역시 어린 시절 강아지와 고양이를 괴롭히는 데 심취했고 중학생 때는 이웃집 소를 이유 없이 낫으로 죽인 전력도 가지고 있다. 1년 사이 21명을 잔혹하게 살해한 유영철은 개를 상대로 살인연습까지 했으며, 안양초등생 살해사건의 범인 정씨도 고양이를 죽이고 옆집 개를 발로 차는 일을 즐겼다고 한다. 미국 연방수사국(FBI)이 동물 학대를 잠재적 폭력성을 평가하는 공식 지표로 사용하는 이유가

도살장은 역내에서 동물을 하차시키고 바로 도살할 수 있도록 효율적으로 설계한다. 아우슈비츠 제2캠프인 비르케나우(Auschwitz Birkenau) 역시 유대인을 태운 기차가 수용소 역내로 바로 들어갈 수 있도록 설계했다.

여기에 있다.

톨스토이가 단언한 바와 같이 동물의 고통에 둔감하면서 인간의 고통에는 민감할 수 없다면, 인간의 고통에 민감하면서 동물의 고통에는 둔감할 수는 있는가? 신이 우리에게 이성을 줬다고 했으니 한번 이성적으로 생각해보자. 동물에게 잔인한 자가 좋은 사람일 수 없다는 쇼펜하우어나 "인간에게는 비폭력을, 하지만 힘없는 동물에게는 학대와 살해를 주문하는 것은 사탄의 철학이다"고 말한 피타고라스(Pythagoras, BC 582~497)에 의존하지 않더라도 동물에게 잔인한 자를 선한 사람이라 할 수는 없는 일이다.

신은 어떠한가? 신은 전애한, 즉 완전히 선하고, 완전히 정의로운 존재다.[9] 완전히 선한 존재가 동물의 고통에 둔감할 수 있는가? 완전히 정의로운 존재가 약자를 향한 잔혹 행위를 용인했겠는가? 그렇다는 것은 개념적인 오류는 아닌가? 사슬론 옹호론자들은 오히려 사슬론의 정통성을 성경에서 찾으나, 성경이 버팀목이 되어줄지 심히 의문이다.

이렇게 땅이 온갖 채소와 씨 맺는 식물과 열매 맺는 과일 나무들을 그 종류대로 내니 하나님이 보시기에 좋았다(창세기, 1장 12절).

이와 같이 하나님은 거대한 바다 생물과 물에서 번성하는 갖가지 물고기와 날개 달린 온갖 새들을 창조하셨다. 이것은 하나님이 보시기에 좋았다(창세기, 1장 21절).

이렇게 하나님은 들짐승과 가축과 땅에 기어다니는 모든 생물을 만드셨다. 이것은 하나님이 보시기에 좋았다(창세기, 1장 25절).

부모님께서 강아지를 앞마당에 풀어놓으시고 흡족한 표정으로 외출을 하셨다고 해보자. 평소 부모님을 사랑하는 마음이 조금이라도 있었다면 강아지를 해하는 일은 없을 것이며, 오히려 이웃이 잡아먹으려 든다면 적극 저지할 것이다. 신이 창조하고 보기에 좋다고 한 동식물은 어떠한가? 그 피조물을 해하면 신이 기뻐하겠는가? 잘 모르겠다면 부모님께서 아끼시는 물건들을 죄다 부수고 부모님의 표정을 살펴보기 바란다.

동물의 고통을 외면하고 환경 파괴에 동참하는 신앙인들을 어떻게 이해해야 할지 도무지 모를 일이다. 더욱이 신이 손수 동물을 먹였다고 했을 뿐 아니라 먹이고 돌보라고 했는데도 말이다.

또 땅의 모든 짐승과 공중의 모든 새와 땅 위에 사는 모든 것, 곧 생명을 지닌 모든 것에게도 모든 푸른 풀을 먹을거리로 준다 하시니, 그대로 되었다(창세기, 1장 30절).

그가 골짜기에서 샘물이 솟아나와 산 사이로 흐르게 하셔서 들짐승에게 물을 주시니 들나귀가 갈증을 풀며 공중의 새들이 물가에 보금자리를 만들고 나뭇가지에서 노래하는구나. 그가 산에 비를 내리시므로 땅에 열매가 가득하다. 그는 가축을 위해 풀이 자라게 하시고 사람이 먹을 채소가 자라게 하시며 땅에서 곡식이 나게 하시고(시편, 104장 10~14장).

너희는 6년 동안만 너희 땅에 파종하여 수확을 거두고 7년째 되는 해에는 땅을 갈지 말고 묵혀 두어라. 거기서 저절로 자라는 것은 가난한 사람들이 먹게 하고 남은 것은 들짐승이 먹게 하라. 그리고 너희 포도원과 감람원에도 그렇게 하라. 너희는 6일 동안만 일하고 7일째 되는 날에는 휴식하여 너희 소와 나귀가 쉴 수 있게 하고 너희 집의 종들과 외국인이 휴식을 취할 수 있게 하라(출애굽기, 23장 10~12절).

너희는 저절로 자란 곡식을 추수하지 말며 가꾸지 않은 포도나무에서 저절로 맺힌 포도송이를 거두어들이지 말아라. 이것은 땅을 위한 안식년이기 때문이다. 그리고 안식년에 밭에서 저절로 자란 농산물은 너희와 너희 종들과 너희가 고용한 품꾼과 너희 중에 사는 외국인과 너희 가축과 들짐승이 자유로이 먹게 하라(레위기, 25장 5~6절).

곡식을 밟아 떠는 소의 입에 망을 씌우지 마십시오(신명기, 25장 4절).[10)]

더욱더 주목되는 것은 동물의 생명을 돌보는 자를 의인으로 그리고 동물에게 잔인한 자를 악인으로 규정했다는 점과, 하나님의 나라가 임하면 약육강식이 지배하는 세상은 종말을 고하고 인간과 동물 통틀어 해됨도 상함도 없는 세상이 도래할 것이라 예언했다는 점이다.

의로운 사람은 자기 가축을 잘 돌봐 주지만 악인은 그 짐승에게까지 잔인하다(잠언, 12장 10절).

그때 이리와 어린 양이 함께 살며 표범이 어린 염소와 함께 눕고 송아지와 사자 새끼가 함께 먹으며 어린아이들이 그것들을 돌볼 것이다. 그리고 암소와 곰이 함께 먹고 그 새끼들이 함께 누울 것이며 사자가 소처럼 풀을 먹고 젖먹이가 독사 곁에서 놀며 어린아이들이 독사 굴에 손을 넣어도 해를 입지 않을 것이다. 하나님의 거룩한 산 시온에는 해로운 것이나 악한 것이 아무것도 없을 것이다. 이것은 바다에 물이 가득하듯이 세상에 여호와를 아는 지식이 충만할 것이기 때문이다(이사야, 11장 6~9절).

이쯤 되면 사슬론이 창조섭리의 본질을 호도했다는 의문을 갖지 않을 수 없다. 사정이 이런데도 신앙인을 자처하며 떳떳이 동물의 고통을 외면하고 환경 파괴에 동참할 수 있는 이유가 무엇인가? 그 이유는 신이 인간에게 특권을 부여했다는 확신 때문이며, 그와 같은 확신을 심어준 발원지는 잘 알다시피 창세기 1장 28절이다.

그리고 하나님은 그들을 축복하여 이렇게 말씀하셨다. "너희는 많은 자녀를 낳고 번성하여 땅을 가득 채워라. 땅을 정복하라. 바다의 고기와 공중의 새와 땅의 모든 생물을 지배하라"(창세기 1장 28절).

동식물이 도구적인 가치만을 지닌 이유가 한마디로 우리에게 땅을 정복하고 모든 생물을 지배하라고 했기 때문이라는 것이다. 지배하고 정복하라는 것이 정말로 그런 의미인가?

　필자의 딸이 초등학교 2학년 때의 일이다. 저녁을 먹으며 짝에 대한 불평을 늘어놓았는데, 이야기인즉슨 짝이 연필을 줄 수 있냐고 해서 줬더니 고맙다는 말과 함께 창 밖으로 던져버렸다는 것이다. 그래서 딸을 달랬던 기억이 난다. 연필을 줬다는 것은 소유권을 이전했다는 의미이고, 짝에게 연필에 대한 권리가 생성되었다는 의미라고 말이다. 그래서 짝을 탓할 수 없듯이, 창세기 1장 28절의 땅을 정복하고 모든 생물을 다스리라는 것이 우리에게 소유권을 이전했다는 의미라면, 땅과 모든 생물에게 연필 다루듯이 해대도 문제될 것이 없다고 보아야 한다.

　하지만 위의 구절에 소유권을 이전했다는 의미가 담겨 있지 않다면 문제는 심각해진다. 형법 제355조가 "타인의 재물을 보관하는 자가 그 재물을 횡령하거나 그 반환을 거부한 때에는 5년 이하의 징역 또는 1천 5백만원 이하의 벌금에 처한다"고 규정하고 있듯이, 신이 땅과 동식물에 대한 소유권을 이전하지 않았음에도 환경을 회생 불능 상태로 만들거나 동식물을 멸종시킨다면 횡령죄에 해당되기 때문이다.

　환경을 파괴하고 동물을 학대해도 책임을 면할 수 없다. 이 역시 형법 제366조가 "타인의 재물, 문서 또는 전자기록

등 특수매체기록을 손괴 또는 은닉 기타 방법으로 기 효용을 해한 자는 3년 이하의 징역 또는 700만원 이하의 벌금에 처한다"고 규정하고 있듯이 재물손괴죄에 해당한다고 보아야 하기 때문이다. 이렇듯 인간이 횡령죄나 재물손괴죄를 면하려면 땅을 정복하고 모든 생물을 지배하라는 대목에 소유권을 이전하겠다는 의미가 담겼어야 한다.

> 하늘과 땅과 그 가운데 있는 모든 것이 다 여러분의 하나님 여호와의 것입니다(신명기, 10장 14절).

> 땅과 그 안에 있는 모든 것이 여호와의 것이요 세계와 그 안에 사는 모든 생명체도 다 여호와의 것이다(시편, 24장 1절).

> 이것은 땅과 그 안에 있는 모든 것이 다 주님의 것이기 때문입니다(고린도전서, 10장 26절).

답은 명확해졌다. 환경을 회생 불능 상태로 만들거나 동식물을 멸종시키는 것은 횡령죄에, 그리고 환경을 파괴하고 동물을 학대하는 것은 재물손괴죄에 해당한다고 보아야 한다. 그렇다면 창세기 1장 28절의 땅을 정복하고 모든 생물을 지배하라는 대목을 어떻게 이해해야 하는가? 다음의 구절들이 그 의미를 이해할 수 있는 단초를 제공한다.

이와 같이 하나님은 거대한 바다 생물과 물에서 번성하는 갖가지 물고기와 날개 달린 온갖 새들을 창조하셨다. 이것은 하나님이 보시기에 좋았다. 하나님이 이것들을 다 축복하시며 "바다의 생물들은 번성하여 바다를 채우고 공중의 새들은 번성하여 땅을 채워라" 하셨다(창세기, 1장 21~22절).

배 안에 있는 모든 새와 짐승과 땅에 기는 모든 생물을 이끌어내어 알을 까고 새끼를 낳아 땅에서 번성하게 하라(창세기, 8장 17절).

그리고 모든 생물을 암수 한 쌍씩 배 안에 넣어 너와 함께 살아남도록 하라. 새와 짐승과 땅에 기어다니는 모든 것이 종류대로 각각 암수 한 쌍씩 너에게 나아올 것이다. 너는 그 모든 생물을 보존하라(창세기, 6장 19~20).

위의 구절들로부터 물고기와 새들 그리고 땅에 기는 모든 생물을 보존하고 번성케 하는 것이 창조섭리임을 유추할 수 있다. 마찬가지로 땅을 정복하고 모든 생물을 지배하라고 한 것 역시 청지기 역할을 주문한 것으로 보아야 할 것이며, 그렇게 보는 것이 옳다는 증좌가 바로 창세기 2장 15절이다.

> 여호와 하나님은 자기가 만든 사람을 에덴 동산에 두어 그곳
> 을 관리하며 지키게 하시고(창세기, 2장 15절).

짧은 성경 지식으로 창조섭리를 운운하는 것은 조심스러운 일이 아닐 수 없다. 하지만 적어도 지금까지 인용된 구절들로 미루어 성서가 사슬론이 말하는 위계와 창조섭리를 이어줄 유기적인 고리는 될 수 없다고 보아야 할 것이다.

신과 피조물의 관계를 말하며 동물의 수호성인 성 프란치스코(St. Francis of Assisi, 1182~1226)를 언급하지 않을 수 없다. 동물에 대한 사랑이 남달랐던 그가 수사들과 함께 길을 걷던 중 온갖 새들로 나무가 가득한 것을 보고 망설임 없이 새들에게 다가갔다. 그러고는 잠시 하나님의 말씀을 들을 것을 정중히 요청한 후 설교를 시작하자 새들이 날개를 펴고 목을 빼며 응시했다고 한다.

"나의 형제 자매인 새들이여. 그대들을 있게 하신 하나님을 크게 찬미하고 늘 사랑하세요. 하나님께서 그대들에게 깃털로 옷을 입히셨고, 날개를 달아 주셨으며, 필요한 모든 것을 주셨습니다. 피조물들 가운데서도 그대들을 고결하게 만드셨고, 깨끗한 공기 중에 살 곳을 마련해 주셨습니다. 씨를

뿌리고 수확하지 않아도 하나님께서 그대들을 보호하시고 관장하십니다". 프란치스코와 함께 걷던 수사가 기록한 설교 내용이다.

동물들과의 수많은 일화 중 하나를 더 소개하자면, 어느 날 성 프란치스코가 어린 양 두 마리를 묶어 어깨에 걸치고 가는 남자와 마주쳤다. 어린 양들의 가련한 울음소리를 듣고 가슴이 미어진 성인은 어머니가 우는 아이를 달래듯이 애정 어린 손길로 양들을 어루만지고는 그 남자에게 물었다. "내 형제인 양들을 왜 이렇게 묶어 고통스럽게 합니까?" 그 남자가 대답했다. "돈이 필요해서 장에 내다 팔려고요". 성인이 물었다. "그럼 양들은 어떻게 되는 겁니까?" "돈을 주고 사간 사람이 잡아먹겠죠". 그 남자의 말에 성인이 대답했다. "그런 일이 있어서는 안 됩니다. 제 망토를 가져가시고 대신 양들을 제게 풀어 주십시오".

동물을 형제 자매라 칭하고 길 위의 벌레도 밟힐까 옮겨 놓았던 성 프란치스코가 창조섭리를 잘 이해했는가, 아니면 신앙인을 자처하며 동물의 고통을 외면하고 환경 파괴에 동참하는 사람들이 창조섭리를 잘 이해하고 있는가? 아직도 후자의 사람들일 수 있다는 생각을 버리지 못했다면 영국의 신학자 뉴먼(John Henry Newman, 1801~1890) 추기경의 설교를 권한다. "하나님을 사랑한다면 모든 피조물을 사랑해야

이탈리아의 화가이자 건축가였던 조토 디 본도네(Giotto di Bondone, 1267~1337)가 연작으로 완성한 28점의 성 프란치스코 일대기 중 '새들에게 설교하다'라는 제목의 15번째 작품이다. 1979년 교황 요한 바오로 2세가 성 프란치스코를 환경보호의 수호성인으로 선포하기도 했으며, 성 프란치스코 축일에는 세계 각지 성당에서 애완동물과 함께 미사를 드리고 애완동물 축성식을 갖는다.

합니다. …동물에게 잔인한 것은 창조주이신 하나님을 사랑하지 않는 것이며, 타당한 이유 없이 초목을 파괴하는 것도 마찬가지입니다".

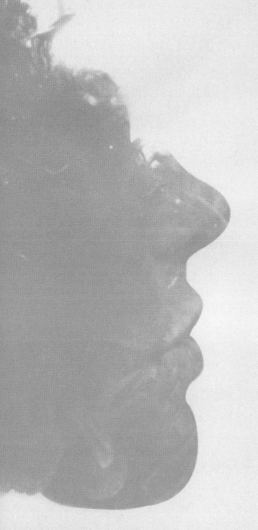

3
동물이 정말로
바보인가?

"사과는 좌파니 모두 북으로 보내야 한다"는 주장이나
"능력이 월등하므로 인간이 동물보다 우월하다"는 주장이나 도긴개긴이다.

아칸소에서 목장을 운영하는 울프(Janice Wolf)는 어느날 목초지를 걷던 중 뜻밖의 경험을 하게 된다. 그녀의 11살 난 소가 갑자기 몸을 돌리더니 그녀를 막아선 것이다. 밀치고 지나가려 하자 소는 그녀가 균형을 잃을 정도로 머리를 흔들며 적극 막아 섰다. 소의 의중을 파악한 건 그때였다. 그녀가 발을 디디려 한 바로 그 자리에서 구리머리살모사가 똬리를 틀고 있었기 때문이다.

뉴질랜드 왕가레이 근처 바다에서 인명구조원 호웨스(Rob Howes)가 딸과 딸의 두 친구와 함께 수영을 하고 있었다. 그런데 한 무리의 돌고래가 나타나 그들 넷을 감싼 후 해안 쪽으로 몰기 시작했다. 수영을 그만할 생각이 없었던 호웨스가 돌고래 무리로부터 벗어나자 덩치 큰 돌고래 두 마리가 따라와 무리가 있는 쪽으로 호웨스를 밀어댔다. 그 순간 호웨스는 자신에게 다가오는 길이 3m의 상어를 발견한다.

울프가 뱀에 물릴 수 있다는 것을 소가 알았으며, 돌고래들 역시 호웨스를 방치하면 상어에게 변을 당할 수 있다는 것을 알았다. 그런데도 그들에게 이성 능력이 없다고 단정할 수 있는가? 위험을 알리기 위해 적극적으로 의사표현을 했다는 점에서 적어도 의사소통 능력은 있다고 보아야 한다. 뿐만 아니라 위험을 무릅쓰고 울프와 호웨스 일행을 구하려

했으므로 도덕 능력도 있다고 보아야 하는 것은 아닌가?

인간만이 우주선을 쏘아올렸다는 것은 부정할 수 없는 사실이다. 하지만 작가 애덤스(Douglas Adams)가 꼬집었듯이 거기에 의미를 부여할 수 있을지 의문이다. "자고로 인간은 스스로를 돌고래보다 똑똑하다고 여겨왔다. 자신들이 자동차를 만들고, 뉴욕을 건설하고, 전쟁을 치르는 등 무수한 업적을 이루는 동안 돌고래는 물속을 몰려다니며 놀고먹은 것 이외엔 한 일이 없다고 생각했기 때문이다. 하지만 돌고래 역시 정확히 같은 이유로 스스로를 인간보다 훨씬 똑똑하다고 여겨왔다".[1]

이성이라는 칼로 동물을 재단할 수 있는가?

"케냐 나이로비 국립공원에는 부모 잃은 아기 코끼리를 보호하는 이색 탁아소가 있다. 고아 코끼리들은 식사할 때는 신통하게도 자기 젖병과 남의 젖병을 정확히 구분한다. 식사를 마치면 진흙 목욕을 하기에 적합한 날씨인지를 스스로 판단한 뒤 진흙 웅덩이로 뛰어든다. 탁아소의 모든 코끼리들은 자신이 언제 야생으로 돌아가야 할지를 분명히 알고 있다. 탁아소에서 무사히 독립한 코끼리들은 또 다른 코끼리가 탁아소를 졸업해 자기 무리에 동참하는 시기를 귀신같이 알고 마중 나오기도 한다"(〈한국일보〉, 2014. 2. 14).

인간은 동물과 달리 이성을 가졌기에 고결하고 존엄할 뿐 아니라 동물적인 욕정과 욕구를 제어할 수 있다고 배웠다. 학교에서 배운 내용이니 믿어야 할 것이다. 하지만 후배의 졸업일을 알고 마중을 나오는 코끼리를 보면 정말로 믿어야 하는 건지, 혹여 잘못 배운 건 아닌지 헷갈리지 않을 수 없다.

이성에 대한 정의 없이는 잘 배운 것이라는 주장도 잘못 배운 것이라는 주장도 가능하지 않으나, 이성에 연루된 인지 메커니즘을 놓고 합의를 이루지 못한 상태이며, 학문 분야별로 다양한 정의가 내려지고 있다는 것이 문제다. 사정이 이렇다면 축포를 너무 일찍 쏘아올린 것은 아닌가?

그럼에도 '이성=인간의 전유물'이라는 등식이 깨지지 않는 이유는 그것을 부정하는 측에게 모든 부담을 전가할 수 있는 구조이기 때문이다. 다시 말해 생물학적 차원에서의 논의를 제외한, 예컨대 철학적, 심리학적, 경제학적 차원에서의 이성에 대한 논의는 당연히 고차원적인 인간의 이성에 초점이 맞춰졌다. 따라서 위의 등식을 주장하는 측에서는 생물학적 해석을 제외한 어떤 해석을 택해도 승기를 잡을 수 있는 반면, 부정하는 측은 그들 해석 모두를 평가해야 하는 소모전을 펼쳐야 하는 형국이다. 동물권 옹호론자에게 소모전을 피할 수 있는 방법은 없는가?

누구나 공감할 수 있는 비이성적인 행동을 규명했다고 해보자. 그리고 동물의 행동은 그 비이성적인 행동의 범주에서 벗어나지 못한다고 해보자. 그렇다면 이성이 인간의 전유물이라는 주장은 설득력을 얻을 수 있다. 반면 동물에게도 비이성적인 행동의 범주에서 벗어나는 행동이 가능하다면 위의 주장은 설 땅을 잃게 된다.

'이성이 인간의 전유물이라면, 동물에게는 비이성적인 행동의 범주를 벗어나는 행동이 가능하지 않다'는 것은 개념적으로 참이다. 따라서 동물에게도 비이성적인 행동의 범주를 벗어나는 행동이 가능하다면 이성이 인간의 전유물일 수 없다고 보아야 한다. 이렇듯 '이성=인간의 전유물'이라는 등식을 깨뜨리고자 한다면 누구나 공감할 수 있는 비이성적인 행동을 규명하고, 동물의 행동이 거기서 벗어날 수 있는지를 점검하는 것이 소모전을 피할 수 있는 효율적인 전략일 수 있다.

라면 값만 남기고 수입 전액을 복권에 쏟아붓는다고 해도 비이성적이라 단정할 수는 없다. 단지 수입 일부만을 복권에 할애하는 것보다 덜 이성적이라고 해야 한다. 다시 말해 철학자들의 공통된 견해를 따라 완전하게 이성적이라거나 이성이 결여되었다는 식의 이분법적 재단은 가능하지 않다고 보아야 한다. 따라서 이성이 인간의 전유물이라는 주장은 동물의 행동은 가장 비이성적인 행동의 범주에서 벗어나지 못한다는 의미로 이해해야 한다. 어떤 행동이 가장 비이성적인 행동의 범주에 속할 수 있는가?

2008년 4월 텍사스 포트워스의 한 소형 은행에서 웃지 못할 일이 벌어진다. 풀러(Charles Ray Fuller)라는 21세의 청년이 현금으로 바꿔달라며 3,600억 달러(약 388조 4,400억 원)가 적힌 개인수표를 내밀었기 때문이다. 은행직원의 당혹스런 표정에 여자친구의 어머니가 주신 수표라고 둘러대고는, 음반사업을 크게 해볼 생각이라고 포부를 밝힌다. 은행직원이 눈짓으로 경찰에게 알렸고, 풀러의 야심찬 계획은 첫발도 못 떼고 수포로 돌아간다.

풀러의 이야기가 외신을 타며 전 세계적인 웃음거리가 되었듯이, 비이성적인 행동 콘테스트가 열린다면 풀러를 영순위로 내세우기에 손색이 없다고 보아야 한다. 그의 행동을 당연히 가장 비이성적인 행동의 범주에 넣어야 하며, 그렇게 보아야 하는 이유로 음반사업이라는 목적을 달성하는 데 오히려 방해가 됐기 때문이라는 설명이 가능하다. 다시 말해 가장 비이성적인 행동의 범주에 드는 행동을 추천하라면 '목적을 달성하는 데 방해가 되는 행동'을 가장 먼저 들어야 할 것이다. 위의 범주에 드는 행동이 더 있을 수 있다면 어떤 행동이 후보에 오를 수 있는가? 풀러가 3,600억 달러 개인수표를 현금으로 바꾸려 했다는 점을 염두에 두고 다음의 두 행동을 생각해보자.

일곱 살 난 스미(David Smee)와 한 살 터울의 여동생이 부모님과 함께 뉴욕에 소재한 호텔 27층에 투숙한다. 부모님은 호텔 도박실에 가고 둘만 남아 지루한 시간을 보내던 중 창밖에 개미 같은 것들을 으깨면 재미있겠다는 생각에 과일과 의자, 서랍뿐 아니라 심지어 텔레비전도 던져 행인 세 명이 사망한 사건이 발생한다.

2008년 4월 20일, 브라질 파라나구아(Paranagua)의 남부 항구도시에서 색다른 행사가 열린다는 소식에 구경꾼들이 하나둘씩 모여든다. 스카이다이빙 경험에다 정글 생존훈련까지 마친 42세의 칼리(Adelir Antnio de Carli) 신부가 행사의 주인공이었다. 장거리 트럭 운전사들을 위한 영적 휴게소 설치자금을 마련하기 위해 헬륨을 채운 1,000개의 파티 풍선에 매달려 하늘로 날아오른다는 것이었다. 낙하산, 헬멧, 위치정보기, 핸드폰 그리고 닷새분의 음식과 물을 챙기고 드디어 오색풍선 비행을 시작한다. 해발 6,000미터 상공까지 날아올랐고 통신도 순조로웠다. 하지만 90킬로미터 떨어진 곳에서의 통신을 마지막으로 연락이 두절됐으며, 7월 4일 하반신만 남은 사체로 바다에서 발견된다.

비이성적인 행동 콘테스트 하면 스미 남매도 영순위를 놓고 다투기에 부족하지 않다. 칼리 신부는 또 어떠한가? 영순위는 아니더라도 1순위 자격은 갖췄다고 보아야 할 것이다. 하지만 그들의 행동을 가장 비이성적인 행동의 범주에 넣어야 하는 이유가 목적을 달성하는 데 방해가 됐기 때문은 아니다. 스미 남매의 행동이 무료함을 달랜다는 목적을 달성하는 데는 도움이 됐으며, 칼리 신부의 행동도 영적 휴게소 설치자금을 마련한다는 목적에는 도움이 됐기 때문이다. 그렇다면 스미 남매와 칼리 신부의 행동을 가장 비이성적인 행동의 범주에 넣어야 하는 이유가 무엇인가?

살해욕구에 사로잡힌 사이코패스 연쇄살인범이 27층에서 텔레비전을 던져 행인 세 명이 숨졌다고 해보자. 사이코패스에게 수많은 수식어가 따라다니지만, '비이성적이다'는 수식어는 들어본 적이 없다. 마찬가지로 위의 연쇄살인범에게 '잔인하다', '사악하다'는 등 어떤 수식어도 아깝지 않으나 '비이성적이다'는 수식어는 어딘가 얼개가 맞지 않는다. 위의 연쇄살인범에게 '비이성적이다'는 수식어가 어색한 이유는 텔레비전에 맞아 누군가가 사망할 것을 알고 했기 때문이며, 역으로 스미 남매의 행동을 가장 비이성적인 행동의 범주에 넣어야 하는 이유는 (보통의 합리적인 어른이라면) 마땅히 알아야 할 결과를 모르고 했기 때문으로 보아야 한다.

마땅히 알아야 할 결과를 모르고 했기 때문이라는 것이

칼리 신부의 행동을 가장 비이성적인 행동의 범주에 넣어야 하는 이유도 될 수 있으며, 풀러의 행동을 가장 비이성적인 행동의 범주에 넣어야 하는 이유에 대해서도 동일한 설명이 가능하다. 즉, 소형 은행의 분점이 3,600억 달러를 현금으로 보유할 수 없다는 것을 알아야 했으나 모르고 한 행동이기 때문이라는 설명이 가능하다. 이렇듯 목적을 달성하는 데 방해가 되는 행동과 함께 '마땅히 알아야 할 결과를 모르고 한 행동'도 가장 비이성적인 행동의 범주에 넣어야 한다. 이들 이외에 어떤 행동이 위의 범주에 들 수 있는가?

구조적인 결함으로 붕괴 되기 직전에 있는 다리를 어떤 사람이 건너려 한다. 그 사람에게 경고를 하고 건너지 말아야 하는 이유를 설명하려 하자 다음과 같이 반응했다. "어떤 정보도 듣고 싶지 않습니다. 그 어떤 정보도 다리를 건너려는 결정에 영향을 끼치지 못할 것입니다". 단호한 태도로 미루어 분명 정보를 거부한 이유가 있었을 것이다. 그리고 그 이유는 의도가 너무도 확고해 정보 따윈 의미가 없다고 생각했거나, 정보를 듣지 않고도 알 수 있다고 여겼기 때문일 것이다. 둘 중 어떤 이유에서 정보를 거부했어도 비이성의 극치라는 시선을 감당해야 한다. 철학자 오스트(David E. Ost)가 설명하는 바와 같이, 첫째 이유에서 정보를 거부했다는 것은 강박관념에 사로잡혀 근거 없이 결정을 내렸다는 의미이며, 둘째 이유에서 거부했다는 것은 알 수 없는 것을 안다고 여기고 결정을 내렸다는 의미이기 때문이다.[2]

'목적을 달성하는 데 오히려 방해가 되었기 때문이다'는 것이 또는 '마땅히 알아야 할 결과를 알지 못하고 한 행동이기 때문이다'는 것이 위의 두 행동을, 즉 강박관념에 사로 잡혀 근거 없이 한 행동과 알 수 없는 것을 안다고 여기고 한 행동을 가장 비이성적인 행동의 범주에 넣어야 하는 이유가 될 수 없다. 그렇다면 어떤 이유에서 그들 행동을 가장 비이성적인 행동의 범주에 넣어야 하는가?

논리와 언어에 관계된 여러 의미를 복합적으로 담고 있는 그리스어 '로고스(λόγος, logos)'에서 '논리(logic)'가 유래됐고, 로고스의 라틴어 번역어인 '라티오(ratio)'에서 이성을 뜻하는 프랑스어 '레종(raison)'이 유래됐다. 그리고 '레종'에서 다시 영어의 '이성(reason)'이 유래된 것을 보아도 알 수 있듯이, 이성은 무엇보다도 논리에 관계된 개념으로 이해할 수 있다.

이성을 논리에 관계된 의미로 이해한다면, 이성이 인간의 전유물이라는 주장은 넓게 보아 추론 능력이 인간의 전유물이라는 의미로 이해할 수 있다. 바로 이 어원적 해석이 비이성적인 행위에 대한 상식적인 이해에 부합한다. 즉, 강박관념에 사로 잡혀 근거 없이 한 행동을 가장 비이성적인 행동의 범주에 넣어야 하는 이유에 대해 추론을 거치지 않았기 때문이라는 설명이 가능하며, 알 수 없는 것을 안다고 여기고 한 행동에 대해서도 동일한 설명이 가능하다. 이렇듯 '추론을 거치지 않은 행동' 역시 가장 비이성적인 행동의 범주에 넣어야 한다.

이상에서 알아본 바와 같이 이성이 인간의 전유물이라는 주장은 동물의 행동은 가장 비이성적인 행동의 범주에서 벗어나지 못한다는 주장으로 이해할 수 있으며, 이는 다시 동물에게는 목적을 달성하는 데 방해가 되지 않는 행동이 가능하지 않다는, 결과를 알고 하는 행동이 가능하지 않다는, 추론을 거친 행동이 가능하지 않다는 의미로 이해할 수 있다. 동물이 그 정도로 바보인가?

제왕나비 애벌레는 독성식물 밀크위드 잎을 먹는 덕분에 큰어치(blue jay)의 먹잇감이 되지 않는다. 그리고 나비로 성장해도 애벌레 시절 축적한 독성물질을 유지해 큰어치의 공격으로부터 자유로울 수 있다. 큰어치가 제왕나비를 사냥하지 않는 이유가 무엇인가?

유전적인 이유에서 사냥을 하지 않는다면 큰어치의 행동이 가장 비이성적인 행동의 범주에서 벗어난다고 할 수 없다. 하지만 제왕나비를 먹어본 경험이 없는 풋내기만이 사냥하는 것으로 미루어, 큰어치가 제왕나비를 사냥하지 않는 이유는 경험을 통해 제왕나비가 구토를 유발한다고 유추했기 때문으로 보아야 할 것이다. 독성 물질을 품지 않은 부왕나비를 사냥하지 않는 이유에 대해서도 동일한 해석이 가능하다. 즉, 제왕나비를 먹고 구토한 경험으로부터 제왕나비의 색깔을 가진 사냥감은 구토를 유발한다고 유추했기 때문으로 보아야 할 것이다.

큰어치의 행동 이외에도 비이성적인 행동의 범주에서 벗어나는 동물의 행동을 어렵지 않게 찾을 수 있다. 예컨대 한 무리의 코끼리가 뼈만 남은 가족의 시신을 에워싸고 한동안 뼈를 어루만지고는 상아만을 풀숲에 감추는 장면이 카메라에 포착이 된 바 있다. 다른 뼈는 남겨두고 상아만을 숨겼다는 것이 무엇을 의미하는가? 인간이 상아를 가져가는 광경을 목격했을 것이고, 그 경험을 통해 상아를 감추지 않으면 인간이 가져갈 것이라 유추했기 때문으로 보아야 할 것이다.

이렇듯 큰어치와 코끼리의 행동을 가장 비이성적인 행동의 범주에 넣을 수 없다. 추론을 거치지 않은 행동으로 볼 수 없을 뿐 아니라, 결과를 모르고 한 행동으로 볼 수도 없으며, 목적을 달성하는 데 방해가 되는 행동으로도 볼 수 없기 때문이다. 다시 말해 이성이 인간의 전유물일 수 없다.

앞서의 짧은 논의에 승복해 동물의 이성 능력을 인정하는 것은 자존심이 용납하지 않을 수 있다. 그렇다면 철학자 드

(a) Blue jay eating monarch　　**(b) Vomiting reaction**

풋내기 큰어치가 태어나 처음으로 제왕나비를 사냥해 먹고 있다(왼쪽 사진). 하지만 제왕나비의 몸에 축적된 독성물질로 구토를 하며 괴로워하고 있다(오른쪽 사진). 제왕나비를 먹고 홍역을 치른 경험이 있는 큰어치는 평생 제왕나비를 사냥하지 않을 뿐 아니라, 검정색과 오렌지색의 조합을 경고색으로 여겨 독성물질을 품지 않은 부왕나비도 외면한다.

레츠케(Fred Dretske)의 논의가 자존심을 내려놓는 데 도움이 될 수 있을 것이다.

　드레츠케는 일반적인 형태의 이성보다는 요구조건이 크지 않지만 생물학적 이성보다는 요구조건이 큰 '최소한의 이성(minimal rationality)' 개념을 도입해 동물의 행동도 최소한의 이성적인 행동으로 보기에 충분하다는 입장을 취한다. 그에 따르면 일반적인 형태의 이성적인 행동과 최소한의 이성적인 행동 모두 이유를 가지고 행동을 해야 한다는 조건을 충족시킨다. 하지만 일반적인 형태의 이성적인 행동에서의 행동 이유는 목적을 달성하고 욕구를 충족시키는 데 공헌할 수 있는 이유라야 하는 반면, 최소한의 이성적인 행동에서의 행동 이유는 단지 행동을 인과적으로 제어하고 그 이유의 내용으로 행동이 설명될 수 있어야 한다는 조건을 충족시키는 것으로 족하다. 이런 의미에서 최소한의 이성에 요구되는 조건이 생물학적 이성에 요구되는 조건보다 엄격하고, 식물의 움직임과 기계의 동작은 최소한의 이성 요건을 충족시키지 못한다.[3]

외형만을 놓고 본다면 동물의 권리를 부정하는 사람들로서도 드레츠케의 논의에 거부감을 보일 이유가 없다. 필자보다 오히려 엄격한 조건이 요구되는 이성 개념을 도입했기 때문이다. 드레츠케가 그랬던 것처럼 최소한의 이성 요건을 큰어치에 적용해보자. 어떤 행동이 이유를 가지고 한 행동이라면, 그리고 그 이유가 행동을 인과적으로 제어하고 그 이유의 내용으로 행동이 설명될 수 있다면, 그 행동은 최소한의 이성적인 행동으로 보아야 한다.

큰어치의 행동은 어떠한가? 큰어치가 제왕나비를 사냥하지 않는 이유는 제왕나비가 구토의 원인임을 학습했기 때문이다. 다시 말해 제왕나비를 먹으면 구토를 한다는 생각이 그의 행동을 인과적으로 제어해 사냥을 하지 않으며, 그와 같은 생각이 제왕나비를 사냥하지 않는 이유에 대한 설명도 될 수 있다.

색깔은 유사하지만 독성물질을 품지 않은 부왕나비를 사냥하지 않는 데 대해서뿐 아니라, 앞서 소개한 코끼리의 행동을 놓고도 동일한 해석이 가능하다. 상아를 방치하면 인간이 가져간다는 생각이 상아를 풀숲에 감춘 행동을 인과적으로 촉발했다고 보아야 할 것이며, 그와 같은 생각이 상아를 감춘 데 대한 설명도 될 수 있기 때문이다. 이렇듯 동물의 간단한 학습 행동도 최소한의 이성적인 행동으로 보기에 충분하다고 할 수 있다.

동물심리학자 에르조그(Hal Herzog)는 "때로는 동물이 인간보다 논리적으로 행동한다"고 했다. 예컨대 집을 고를 때 개미군집이 인간보다 이성적으로 결정한다는 것이다. 굳이 에르조그에 의존하지 않더라도, 논의된 바와 같이 이성이 인간의 전유물이라는 것은 착취 욕구를 해소하기 위한 작위적인 해석으로 보아야 한다.

물론 동물의 권리를 부정하는 사람들에게 칼을 거두라고 하기에는 아직 이를 수 있다. 인간의 이성 능력이 동물의 그것보다 우월하다는 것을 부정할 수 없기 때문이다. 그에 대한 논의는 '능력이 크다는 것이 우월하다는 것을 함축하는가?' 장으로 미루고 도덕 능력이 인간의 전유물일 수 있는지 생각해보기로 하자.

도덕이라는 칼로 동물을 재단할 수 있는가?

2008년 12월 4일, 칠레 산티아고의 베스푸치오 북부고속도로 감시 카메라에 도로를 건너는 유기견의 모습이 포착된다. 질주하는 두 대의 차를 운 좋게 비껴가던 유기견은 달려오는 트럭 밑으로 잠시 모습을 감췄으나 무사히 빠져 나와 화면에서 사라진다. 하지만 다음 구간을 비추던 카메라에 승용차에 받히는 모습이 잡혔고, 이때 예기치 못한 일이 벌어진다. 어디선가 나타난 유기견이 질주하는 차들을 피해가며 차에 치인 유기견을 도로변으로 옮기는 모습이 카메라에 잡힌 것이다. 차에 치인 유기견은 숨을 거뒀고, 다른 유기견은 입양을 문의하는 전화가 방송국에 폭주했으나 끝내 찾을 수

베스푸치오 고속도로에서 차에 치인 유기견을 동료 유기견이 도로변으로 옮기고 있다. 사진으로도 확인할 수 있듯이 동료가 상처를 입지나 않을까 물어서 옮기지 않고 양 발로 목을 감싼 채 힘겹게 끌고 가는 모습이 보는 이의 감동을 자아냈다.

없었다. 위험을 무릅쓰고 동료를 구하려 한 유기견에게 적어도 원시적인 도덕(proto-morality) 능력은 있다고 보아야 하는 것은 아닌가?

어느 사회를 막론하고 동물을 빗댄 비속어와 욕을 가지고 있다. 말과 행동이 더러운 자를 '개차반'이라 부르듯이, 그들 중 대다수는 동물에 대한 도덕적 우월감에서 나온 것으로서 그 이면에는 도덕 능력은 인간의 전유물이라는 확신이 자리하고 있다. 하지만 목숨을 걸고 동료를 구하려 한 유기견을 보며 그 확신이 조금이나마 무뎌졌으리라 믿어 의심치 않는다. 강한 동물권 부정론자들의 생각과 같이 과연 도덕 능력이 인간의 전유물일 수 있는지 생각해보자는 말이다.

인간은 동물과 달리 도덕 능력을 가졌다고 했을 때 거기서의 도덕 능력이란 도덕적으로 행동할 수 있는 능력이라는 것이 동물권 부정론자들의 공통된 해석이다. 따라서 그들의 주장은 '동물에게는 도덕적으로 행동할 능력이 없으므로, 본래적 가치가 없다(도구적 가치만이 있다)'는 주장으로 이해할 수 있다.

이렇듯 그들의 주장이 설득력을 지니기 위해서는 첫째, 동물에게는 도덕적으로 행동할 능력이 없어야 할 뿐 아니라, 둘째 그로부터 동물에게는 본래적 가치가 없다는 결론이 도출돼야 한다. 둘째 물음에 대한 논의는 '능력이 크다는 것이 우월하다는 것을 함축하는가?' 장으로 미루고, 첫째 물음에 대해 생각해보기로 하자.

목숨을 걸고 동료를 구하려 한 유기견을 보아도 알 수 있듯이, 적어도 개 수준의 동물에게는 원시적인 도덕 능력이 있다고 보아야 한다. 따라서 동물의 도덕 능력을 부정하기 위해서는 보다 엄격한 잣대를 적용해야 한다. 동물의 권리를 부정하는 사람들로부터 어김없이 도덕적 행위자(moral agents)라는 말을 듣게 되는 이유다. 즉, 어떤 존재에게 도덕적으로 행동할 능력이 있다면 그 존재는 도덕적 행위자라야 하지만, 동물은 도덕적 행위자가 아니므로 도덕적으로 행동할 능력이 없다는 것이다. 이렇듯 도덕이 인간의 전유물이라는 주장이 성립하기 위해서는 다음의 전제가 충족돼야 한다.

-어떤 존재에게 도덕적으로 행동할 능력이 있다면, 그 존재는 도덕적 행위자다.

그렇다면 동물을 도덕적 행위자가 아니라고 보아야 하는 이유가 무엇인가?[4] 동물의 권리를 부정하는 사람들로서는 마땅히 고도의 도덕 능력을 제시해야 한다. 따라서 그들은 도덕적 행위자로서의 능력을 '자신의 감정과 그에 따른 행동에 대해 비판적으로 도덕적 자기성찰(self-scrutiny)을 할 수 있는(도덕원칙을 이해하고 그에 입각해 행동할 수 있는, 행동으로 이어질 동기를 이성적으로 숙고하고 통제할 수 있는…) 능력'으로 정의하고, 동물은 위의 능력이 없으므로 도덕적 행위자일 수 없다고 주장한다. 다시 말해 어떤 존재가 도덕적 행위자라면 그 존재에게 위의 능력이 있어야 하지만 동물에게는 그와 같은 능력이 없으므로 도덕적 행위자일 수 없다는 것이다. 이렇듯 그들의 주장이 설득력을 얻기 위해서는 다음의 전제도 충족돼야 한다.

－어떤 존재가 도덕적 행위자라면, 그 존재에게 자신의 감정과 그에 따른 행동에 대해 비판적 자기성찰을 할 능력이 있다.

도덕이 인간의 전유물이라는 주장은 위의 두 전제가 참이라는 데 기반하고 있다.[5] 즉, 그들 중 하나라도 거짓이라면 위의 주장은 성립하지 않는다. 그들 모두가 참인가? 두 전제 중 먼저 '어떤 존재가 도덕적 행위자라면, 그 존재에게 자신의 감정과 그에 따른 행동에 대해 비판적 자기성찰을 할 능력이 있다'는 전제를 생각해보자.

위의 전제에 따르면 자신의 감정과 그에 따른 행동에 대해 비판적 자기성찰을 할 능력이 있다는 것이 도덕적 행위자라는 것의 필요조건이다. 즉, 어떤 존재가 '자신의 감정과 그에 따른 행동에 대해 비판적 자기성찰을 할 능력이 있다'는 조건을 충족시킬 뿐 아니라 그 이외의 다른 필요조건 모두를 충족시키면 그 존재를 도덕적 행위자로 보아야 한다. 이제 위의 전제가 가진 구조적인 강점을 알 수 있다.

동물이 가진 능력들을 생각해보자. 늪에 빠진 코뿔소를 구해준 코끼리와 악어로부터 사슴을 구해준 하마 그리고 땅에 떨어진 새가 날 수 있도록 도와준 침팬지 등 위기에 처한 타종에게 도움의 손길을 내민 동물의 이야기를 들라면 날밤을 새야 한다. 그들의 행동을 조건반사적인 행동으로 볼 수 없으며, 종을 넘어 타자의 고통에 동참했다는 점에서 마땅히 비본능적인 행동으로 보아야 한다.

동물행동학자 브럭(Jason Bruck)에 따르면 20년 만에 만난 큰돌고래 두 마리가 서로를 기억했으며, '코끼리는 절대 잊지 않는다(An elephant never forgets)'는 속담이 말해주듯이 코끼리의 기억력은 그 이상으로 알려져 있다. 이스라엘 테크니온 공대 연구팀에 따르면 심지어 어류까지도 5개월 전에 들었던 소리를 기억할 수 있다고 한다.

동물에게도 감정을 가질 수 있는, 기억을 할 수 있는, 목표 지향 행동을 할 수 있는 등의 능력이 있다는 것을 부정할 수 없다. 하지만 그들 능력을 가졌다는 것을 도덕적 행위자라는 것의 필요조건으로 제시해도 위의 전제에 영향을 끼칠 수 없다. 강한 동물권 부정론자의 입장에서는 동물에게 위의 능력들이 있다는 것을 부정할 필요가 없기 때문이다. 다시 말해 동물이 그들 능력을 가졌다고 해도, 자신의 감정과 그에 따른 행동에 대해 비판적 자기성찰을 할 수 있는 능력은 갖지 못했으므로, 즉 동물에게 자신의 감정과 행동에 대해 비판적으로 자기성찰을 할 수 있는 능력이 없으므로, 동물은 도덕적 행위자가 아니라는 답변이 가능하다.

이렇듯 목표지향적으로 행동할 수 있는 등의 능력을 가졌다는 것을 도덕적 행위자라는 것의 필요조건으로 제시해서는 위의 전제를 부정할 수 없는 구조이다.

전자를 후자의 충분조건으로 제시하면 어떠한가? 철학자 드그레지아(David DeGrazia)는 일부 동물의 덕이 있는 행동은 본능적이거나 조건반사적인 행동의 범주에서 벗어난다고 주장함으로써 동물도 도덕적 행위자로 보아야 한다는 입장을 취하며,[6] 철학자 플루아(Evelyn Pluhar) 역시 도덕적인 또는 덕이 있는 행동이 가능하다는 이유로 일부 동물은 도덕적 행위자로 보아야 한다고 주장한다. "정말로 타종에게는 도덕적 행위자가 될 수 있는 능력이 결여되었는가? 도덕적 행위자가 되기 위해서는 감정을 가질 수 있는, 기억을 할 수 있는, 목표지향적으로 행동할 수 있는 등의 능력이 요구

된다. 하지만 동물에게도 그와 같은 능력이 어느 정도 있다는 것을 보여주는 예는 이루 열거할 수 없을 정도다. 그들 예를 종합해 보건대, 동물에게도 '도덕적' 또는 '덕이 있는' 행동이 가능하다고 해도 놀라울 것이 없다".[7]

드그레지아와 플루아가 주장하는 바와 같이 '어떤 존재에게 감정을 가질 수 있는, 기억을 할 수 있는, 목표지향적으로 행동할 수 있는 능력이 있다면, 그 존재는 도덕적 행위자다'는 명제가 참이라면, 위의 전제는 거짓으로 보아야 한다. 어떤 존재가 도덕적 행위자라고 해보자. 그렇다면 마땅히 그 존재를 책임능력자로 보아야 한다. 따라서 위의 명제가 참이라면 '어떤 존재에게 감정을 가질 수 있는, 기억을 할 수 있는, 목표지향적으로 행동할 수 있는 능력이 있다면 그 존재는 책임능력자다'는 명제 역시 참이라야 한다. 하지만 후자의 명제가 참일지 의문이며, 따라서 전자의 명제에 대해 의문을 제기할 수 있다. 다시 말해 후자의 명제가 거짓이라면 전자의 명제도 거짓이며,[8] 어린아이를 생각해보면 후자의 명제를 거짓으로 보아야 하는 이유를 알 수 있다.

어린아이도 감정을 가질 수 있는, 기억을 할 수 있는, 목표지향적으로 행동할 수 있는 능력을 가졌다. 하지만 어린아이를 피의자 신분으로 법정에 세웠다는 말을 들어보지 못했으며, 어린아이에게 처벌을 가했다는 말도 들어보지 못했다.

Supplice d'une truie.

어린아이의 얼굴과 팔을 물어 숨지게 한 암퇘지를 재판에 회부해 얼굴과 앞발을 심하게 훼손한 후 교수형을 집행하고 있다.[10] 동물을 재판에 회부한 가장 오래된 기록은 1266년 파리 근교 퐁뜨네 오 호스(Fontenay–aux–Roses)에서 아이를 숨지게 한 돼지를 화형에 처한 사건이다.

어린아이는 책임무능력자로서, 어린아이의 행동을 두고 옳다거나 그르다는 등의 도덕적 (그리고 법적) 평가가 가능하지 않기 때문이다. 동물을 놓고도 동일한 진단이 가능하다.

1386년 어느 날 프랑스 팔래즈에서 어린아이가 암퇘지에게 얼굴과 팔을 물려 숨진 사건이 발생한다. 유아를 살해한 악한이라는 죄목으로 법정에 선 암퇘지는 사형선고를 받아 동해보복(同害報復) 원리에 따라 머리와 앞발에 심한 상해를 입은 채 사람의 옷을 입고 사형대에 오른다.

1906년 5월 4일, 스위스의 들레몽에서 부자(父子)가 개와 한 팀을 이뤄 마거(Mager)라는 이름의 남자를 강도 살해한 사건이 발생한다. 공법으로 기소된 부자에게는 종신형이 내려진 반면, 정범으로 기소된 개에게는 사형선고가 내려졌다. 개가 없었다면 부자가 범행을 성사시킬 수 없었다는 이유에서였다.[9]

돼지와 개를 기소한 검찰과 그들에게 사형을 선고한 재판부의 판단이 옳았는가? 중세 이후 18세기까지 동물을 재판에 회부하는 일이 빈번했으며, 심지어 20세기에 들어서까지 그 관행이 이어졌다. 이 해괴한 관행은 일부 사람들의 의인관(擬人觀) 때문이었고, 그들이 의인관에 사로잡힌 주된 이유는 성서였다. "소가 남자나 여자를 받아서 죽이면 그 소는 반드시 돌로 쳐서 죽일 것이요 그 고기는 먹지 말 것이며 임자는 형벌을 면하려니와"(출애굽기, 21장 28절), "내가 반드시 너희의 피 곧 너희의 생명의 피를 찾으리니 짐승이면 그 짐승에게서, 사람이나 사람의 형제면 그에게서 그의 생명을 찾으리라"(창세기, 9장 5절).

성서에 무관하게 생각해보자. (본문의 성서 구절에 동물이 범죄를 저지를 수 있다는 의미도, 책임능력을 가졌다는 의미도 담겨 있지 않다.) 동물에게는 어린아이에게 없는 책임능력이 있는가? 그래서 인간에게 해를 입혔을 경우 재판에 회부해 형사처벌을 가하고, 음식을 훔쳐먹은 유기견을 주거침입죄와 절도죄로 처벌해야 하는가? 유기견에게 감정을 가질 수 있는, 기억을 할 수 있는, 목표지향적으로 행동할 수 있는 능력이 있음에도 음식을 훔쳐먹었다는 이유로 도덕적 비난과 형사처벌을 가할 수는 없는 일이다.

이렇듯 동물과 어린아이를 생각해보면 '어떤 존재에게 감정을 가질 수 있는, 기억을 할 수 있는, 목표지향적으로 행동할 수 있는 능력이 있다면 그 존재는 책임능력자다'는 명제를 거짓으로 보아야 하는 이유를 알 수 있으며, 따라서 '어떤 존재에게 감정을 가질 수 있는, 기억을 할 수 있는, 목표지향적으로 행동할 수 있는 능력이 있다면, 그 존재는 도덕적 행위자다'는 명제 역시 거짓으로 보아야 한다. 즉, 목표지향적으로 행동할 수 있는 등의 능력을 가졌다는 것을 도덕적 행위자라는 것의 충분조건으로 제시할 수 없으며, 따라서 '어떤 존재가 도덕적 행위자라면, 그 존재에게 자신의 감정과 그에 따른 행동에 대해 비판적 자기성찰을 할 능력이 있다'는 전제를 부정할 수 없다고 보아야 한다. 즉, 위의 전제에 초점을 맞춰서는 강한 동물권 부정론자의 주장을 부정하기 어렵다고 보아야 한다.

'어떤 존재에게 도덕적으로 행동할 능력이 있다면, 그 존재는 도덕적 행위자다'는 전제에 초점을 맞추면 어떠한가? 위의 전제에 따르면 도덕적 행위자가 아니라면(자신의 감정과 그에 따른 행동에 대해 비판적으로 도덕적 자기성찰을 할 수 있는 존재가 아니라면) 도덕적으로 행동할 능력을 갖지 못했다. 물론 도덕 능력을 평가하는 데 있어 비판적 자기성찰의 중요성을 간과할 수 없다. 예컨대 총리 선발이 문제라면 마땅히 비판적 자기성찰 능력 여부를 확인해야 한다. 하지만 우리의 관심사가 총리 선발 기준이 아니라는 것이 문제다.

동물에게 도덕적으로 행동할 능력이 있느냐는 물음을 놓고 비판적 자기성찰 능력 여부를 잣대로 삼겠다는 것이, 예컨대 비판적 자기성찰 능력이 없다는 이유로 목숨을 걸고 차에 치인 동료를 구하려 한, 그것도 동료가 상처를 입지나 않을까 물어서 옮기지 않고 양 발로 목을 감싼 채 힘겹게 끌고 간 유기견에게 도덕적으로 행동할 능력이 없다고 하는 것이 어떤 의미인가? 동물을 차별하기 위한 작위적인 설정은 아닌가? 총리직을 수행할 능력이 없다고 해서 도덕적으로 행동할 능력이 없다고 할 수는 없다는 말로서, 도덕적으로 행동할 능력이 있느냐는 물음을 놓고는 철학자 로우런드(Mark Rowlands)가 주장하는 바와 같이 도덕적 주체(moral subjects)인지를 확인하는 것으로 족하다는 말이다.

도덕적 주체와 도덕적 행위자를 혼용하고 있으므로, 로우런드의 주장이 다소 생소할 수 있다. 하지만 그는 도덕적 주체일 수 있는 대상을 도덕에 관계된 감정에 기초해 행동할 수 있는 대상으로 한정시켜, 동물도 연민, 동정심, 관용, 질투, 적의(敵意), 앙심과 같이 도덕에 관계된 감정에 근거해 행동할 수 있으므로 도덕적 주체로 보아야 한다고 주장한다.[11]

도덕적 주체

"어떤 존재가 도덕적 주체일 때는 그 존재가 가끔이나마 도덕적인 이유를 통해 동기를 부여받아 행동을 할 수 있는 존재일 경우 그리고 오직 그 경우뿐이다".[12]

로우런드는 위의 정의를 옹호하기 위해 소설 「백치(The Idiot)」의 주인공 백치왕자와 동명이인인 미쉬킨(Mysjkin)이라는 인물을 상상할 것을 권유한다.[13] 미쉬킨은 고통 속에 있는 사람을 보면 고통을 덜어주고 싶은 욕구가 강하게 이는 그리고 행복한 사람을 보면 자신도 행복감에 빠져드는 인물이다. 그가 어떤 사람의 고통을 덜어주었다면 그의 행위는 기쁨이나 행복감 등의 감정이 반영된 그리고 감정에 동기를 부여받은 행위로 보아야 한다. 하지만 그는 자신의 감정과 행위를 놓고 다음과 같은 비판적 자기성찰을 가져본 경험이 없다. "이 상황에서 내가 이런 감정을 갖는 것이 옳은가?" "이와 같은 상황에서 반드시 가져야 하는 감정을 내가 지금 갖고 있는 것인가?" "이런 상황에서 이렇게 하는 것이 (도덕적으로) 옳은가?"

미쉬킨의 경우 자신의 행위와 감정에 대해 비판적 자기성찰을 할 능력을 갖지는 못했다. 하지만 도덕에 관계된 감정인 선한 감정으로 동기를 부여받아 행동할 수 있으므로, 그를 도덕적 주체로 보는 것이 상식일 것이다. 하지만 단지 그 정도의 조건을 충족시킨다는 이유로 도덕적 주체로 보기에는 무리일 수 있다. 예컨대 조현증환자 역시 도덕에 관계된 감정을 통해 동기를 부여받아 행동할 수 있으나, 그들을 도덕적 주체라고는 할 수 없기 때문이다. 따라서 로우런드는 다음의 보다 엄격한 세 조건을 제시하고 미쉬킨의 경우 그들 세 조건 모두를 충족시키므로 도덕적 주체로 보아야 한다고 결론 짓는다.

첫째, 자신이 처한 상황에 관련된 특징에 대해 적절한 감정을 가질 수 있다.
둘째, 그 감정이 규범적인 것이다.
셋째, 그 감정이 신뢰할 만한 메커니즘에 근거를 둔 것이다.[14]

어떤 특정 상황에서 미쉬킨에게 고통을 겪고 있는 사람의 고통을 덜어주고 싶은 욕구가 강하게 일었다고 해보자. 하지만 동일한 상황에서 고통을 겪는 사람이 없었다면 그와 같은 욕구가 생기지 않았을 것이다. 또한 어떤 특정 상황에서 행복한 사람을 보고 행복감을 느꼈다고 했을 때, 동일한 상황에서 행복한 사람이 없었다면 행복감을 느끼지 못했을 것이다. 이렇듯 고통을 겪는 사람의 고통을 덜어주고 싶은 욕구가 일었고 행복한 사람을 보고 행복해졌다는 것은 자신이 처한 상황에 관련된 특징에 대해 적절한 감정을 가졌다는 것을 의미한다.

로우런드는 미쉬킨이 둘째 조건도 충족시킨다는 것을 보여주기 위해, 즉 미쉬킨의 감정이 규범적인 것임을 보여주기 위해 영국 문학의 거장 콘래드(Joseph Conrad)의 소설 속 인물 마로우(Charles Marlow)를 예로 든다. (콘래드 소설 네 편에서 콘래드의 또 다른 자아로서 내레이션을 하는 인물인) 마로우는 미쉬킨과 달리 비판적 자기성찰을 할 수 있는 인물이다. 어떤 특정 상황에서 미쉬킨에게 고통을 겪는 사람의 고통을 덜어주고 싶은 욕구가 생겼고, 그 욕구를 행동으로 옮겼다고 해보자. 그리고 이상적인 도덕 심판관이라 할 수 있는 마로우가 비판적인 도덕적 자기성찰을 통해 미쉬킨과 무관하게 다음과 같이 판정했다고 해보자. 즉, 미쉬킨이 처했던 상황과 동일한 상황에서는 미쉬킨이 가졌던 감정과 동일한 감정을 갖고 그 감정을 행동으로 옮기는 것이 옳다는 결론을 내렸다고 해보자. 그렇다면 미쉬킨의 감정과 행위가 적절했다는 평가가 가능하다고 보아야 한다. 이렇듯 미쉬킨이 특정 상황에서 특정 감정을 가진 것이 옳다거나 그르다는 평가가 가능하므로, 그의 감정을 규범적인 것으로 보아야 한다.

셋째 조건을 충족시킨다는 것 역시 부정하기 어렵다. 미쉬킨의 감정이 생겨난 경로에 대해 설명을 해야 한다면, 우연히 생겨났다는 설명보다는 상황을 좋게 만들거나 악화시키는 특징들과 그 특징들에 적절한 감정이 생기게 하는 신뢰할 만한 메커니즘의 결과라는 설명이 설명력을 갖기 때문이다. 즉, 첫째, 둘째 조건뿐 아니라 셋째 조건도 충족시키며, 따라서 로우런드가 진단하는 바와 같이 미쉬킨을 도덕적 주체로 보아야 한다.

이제 다음의 사례를 생각해보자. 그레이스(Grace)가 엘러너(Eleanor)를 일으켜 세우려 안간힘을 쓰고 있다. 하지만 뜻을 이루지 못하자 괴로운 듯 큰 소리로 울부짖고는 다시 그녀를 일으키려 사력을 다한다. 그러는 사이 한 시간이 더 흘러 땅거미가 내려앉았다. 엘러너가 그레이스를 이슬 맺힌 눈으로 바라본다. 그레이스에게 분명 연민이나 동정심과 같은 감정이 있다고 보아야 할 것이나, 엘러너는 새끼를 낳은 지 얼마 되지 않은 엄마 코끼리였고, 그레이스는 다른 코끼리 가족의 젊은 암컷이었다.[15]

엘러너에 문제가 생기지 않았다면 그레이스가 괴로운 듯 울부짖지 않았을 것이다. 따라서 첫째 조건을 충족시킨다고 보아야 한다. 또한 그녀와 무관하게 마로우가 비판적인 도덕 성찰을 통해 다음과 같이 판정했다고 해보자. 즉, 그레이스가 처한 상황과 같은 상황에서는 그녀가 가진 감정과 동일한 감정을 갖고 그녀의 행동과 동일한 행동을 하는 것이 옳다는 결론을 내렸다고 해보자. 그렇다면 그레이스의 감정과 행동이 적절했다는 평가가 가능하다고 보아야 한다. 이렇듯 그녀의 감정을 규범적인 것으로 보아야 하며, 따라서 둘째 조건도 충족시킨다고 보아야 한다.

뿐만 아니라 그레이스의 감정을 놓고 '우연히 생겨났다'는 설명과 '상황을 좋게 만들거나 나쁘게 만드는 특징들과 그 특징들에 적절한 감정이 생기게 하는 신뢰할 만한 메커니즘의 결과'라는 설명 중 후자가 설명력을 가진다. 이렇듯 셋째 조건도 충족시킨다고 보아야 하며, 따라서 그레이스를 도덕적 주체로 보아야 한다. 이렇듯 도덕적 행위자가 아님에도 불구하고 그레이스에게 도덕적으로 행동할 능력이 있다고 보아야 하므로, '어떤 존재에게 도덕적으로 행동할 능력이 있다면, 그 존재는 도덕적 행위자다'는 전제는 거짓으로 보아야 한다.

미국 에머리 대학 여기스 국립영장류연구센터의 드발(Frans de Waal) 소장이 동료 동물행동학자 브로스넌(Sarah Brosnan)과 흥미로운 실험을 진행한 바 있다. 연구팀은 그물 철망으로 나뉜 투명 플라스틱 방을 만들고 양쪽 방에 흰목꼬리감기원숭이를 한 마리씩 넣었다. 그리고는 원숭이가 조약돌을 건네면 오이 한 조각으로 보상하는 일을 반복했다. 둘 모두 오이를 받고 만족했으나, 오른쪽 방의 원숭이에게는 오이 대신 포도로 보상을 하자 왼쪽 방의 원숭이가 오이를 실험 참가자에게 내던지고, 벽을 흔들어대고, 땅을 두드리는 등 불공정한 처우에 대해 불만을 표출하는 듯한 행동을 보이기 시작했다. 이후 샘플을 늘려 실험을 반복했으나 결과는 동일했다.

새끼 붉은털원숭이 아잘레아의 "유전자 검사를 해보니 아잘레아의 특정 염색체가 일부 몽고족에서 나타나듯이 두 개가 아니라 세 개였다. 사육자들은 불길한 예감이 들었다. 야생 세계는 냉혹해서 장애를 갖고 태어난 동물은 대개 무리에서 쫓겨나거나 심한 경우 무리에 의해 죽임을 당하기 때문이다. 그러나 이런 걱정은 기우에 불과했다. 붉은털원숭이 무리는 아잘레아를 받아들였을 뿐 아니라 잘 보살피기까지 한 것이다. 친척은 물론 다른 원숭이들도 보통 때의 두 배 정도로 그의 털을 쓰다듬고 이를 잡아 주었다. 심지어 다른 원숭이들이 아잘레아를 괴롭히려 들면, 그의 큰언니뻘 되는 원숭이가 나타나 앞에 버티고 서서는, 아잘레아를 괴롭히는 원숭이를 혼내는 장면을 네덜란드의 동물행태학자 프란스 드 발은 목격했다".[16]

드발이 진행한 실험에서 왼쪽 방의 원숭이가 공정감에 동기를 부여받아 오이를 내던졌다고 보는 것이 자연스러우며, 아잘레아를 보살핀 원숭이의 행동 역시 도덕에 관계된 감정을 통해 동기를 부여받은 것으로 보아야 할 것이다. 다시 말해 이들 역시 도덕적 행위자는 아니지만 도덕적으로 행동할 수 있는 능력을 가졌다고 보아야 하며, 따라서 '어떤 존재에게 도덕적으로 행동할 능력이 있다면, 그 존재는 도덕적 행위자다'는 전제에 대한 반례가 될 수 있다.[17]

이상에서 알아본 바와 같이 도덕 능력이 인간의 전유물일수 없다. 따라서 인간은 동물과 달리 도덕 능력을 가졌기에 본래적 가치와 도덕적 지위를 가졌다는 주장은 성립하지 않는다고 보아야 한다. 하지만 인간의 도덕 능력이 동물의 능력보다 우월하다는 것을 부정할 수는 없다. 그래서 인간의 본래적 가치와 도덕적 지위가 우월하다는 것이 약한 동물권 부정론자들의 주장이나, 그들의 주장이 설득력을 가질 수 있을지 의문이다. 그에 대한 논의는 '능력이 크다는 것이 우월하다는 것을 함축하는가?' 장으로 미루고 언어 능력이 인간의 전유물일 수 있는지 알아보기로 하자.

언어라는 칼로 동물을 재단할 수 있는가?

인간은 동물과 달리 언어 능력을 가졌기에 본래적 가치를 지녔다는 것이 강한 동물권 부정론자들의 주장이다. 심지어 '다윈의 불독'으로 알려진 생물학자 헉슬리(Thomas Huxley, 1825~1895)조차도 언어 능력이 있기에 진화론으로 인간의 명예가 실추되지 않는다고 말한다. "인간과 짐승이 본질적으로 그리고 구조적으로 다르지 않은 것이 사실이다. 하지만 그로 인해 인간의 숭고함에 손상이 가지 않는다. 놀랍게도 인간만이 오랜 세월 축적한 경험을 체계화해 얻은 합리적이고 지력으로만 이해할 수 있는 언어를 갖고 있기 때문이다".[18] 언어 능력이 인간의 전유물인가?

"지난 2011년, 1,022개 단어(명사)를 기억해내 화제가 된 천재 견공 '체이서(보더 콜리 종)'가 이제 문장 구문·동사·목적어·전치사 등의 기초 문법까지 습득한 것으로 알려져 화제가 되고 있다. …예를 들어, "A에게 이 공을 전달해", "이 공을 A에게서 도로 가져와", "이 공을 A에게서 B에게 전달해" 등의 명령과 100여 개의 물품 중 특정 1개를 지정해 이를 명령한 장소에 배달하는 것 등의 복잡한 지시를 해냈다는 것으로, 이는 체이서가 단순히 단어(명사)만 기억하는 것이 아니라 목적어·동사·전치사 등을 이해하고 있다는 것을 의미한다. 체이서는 앞서 언급된 것 같은 복잡한 목적어가 수반된 명령을 24번 중 18번 해내 평균적으로 75% 성공률을 보였다. 연구팀은 "이는 IQ 80으로 알려진 돌고래의 행동실험에서 얻어낸 데이터와 일치한다"며 "체이서는 단순 암기 능력뿐 아니라 응용력까지 갖춘 것으로 보이며 두뇌 구조가 부분적으로 인간과 닮아 있는 것 같다"고 설명했다"(〈서울신문〉, 2013. 12. 23).

심리학자이자 영장류동물학자 루손(Anne Russon)과 철학자 앤드류스(Kristin Andrews)가 1989년부터 20년 동안 수행한 연구결과에 따르면, 오랑우탄이 18종류의 (제스처로 의미를 실연해 보이는) 팬터마임을 구사했고, 특히 다른 방법으로 의사소통에 실패했을 경우에 시도하는 경우가 많았다. 그 중 14건은 사람을 상대로 한 것이었고 나머지 4건은 동료를 상대로 한 것이었다. 팬터마임과 같이 고차원의 의사소통은 인간만이 가능하다는 기존 가설이 루손과 앤드류스에 의해 깨졌으며, 고릴라와 챔팬지, 보노보 원숭이도 팬터마임을 통한 의사소통이 가능하다는 것이 밝혀졌다.

루손 등에 따르면 복잡한 팬터마임은 (인간이 일상 사용하는 언어인) 자연언어가 가진 특성 중 하나로, 예컨대 어린 암컷 오랑우탄 시티(Siti)가 나무로 코코넛을 자르는 제스처를 취함으로써 날이 넓은 칼 마체테로 코코넛을 잘라달라는 의미를 실연해 보인 것은 "Z를 대상으로 Y라는 도구를 사용해서 X라는 행동을 하라"는 문장과 유사한 메시지를 만들어낸 것이다.

보르네오섬 야생동물구조관리센터에서 있었던 일이다. 야생 적응 훈련을 받던 암컷 오랑우탄 키칸(Kikan)의 발바닥에 작은 돌 조각이 박혀 관리인이 연필로 제거하고 무화과나무 잎에서 유액을 짜내 상처를 감싸주었다. 치료 전 과정을 뚫어지게 바라보던 키칸은 치료가 끝나자 무리와 어울려 놀기 시작한다. 일주일 후 그 관리인을 발견한 키칸이 반가운 듯 다리에 매달린다. 하지만 관리인이 다른 오랑우탄을

루손 교수는 팬터마임이 인간언어 진화에 대한 연구의 단초를 제공한다고 말하며, 언어가 제스쳐 커뮤니케이션에서 발생됐을 가능성이 언어학자들에 의해 제기되고 있다.

돌보느라 관심을 보이지 않자 무화과나무 잎을 가져와 치료 전 과정을 재연함으로써 자신의 상처를 치료해준 데 대한 기억을 공유하자는 제스쳐를 취했다. 그리고 3개월 후에는 치유된 발바닥을 치켜들어 관리인에게 보여준다.

동물의 언어 능력 하면 샌프란시스코 동물원에서 1971년 7월 4일 태어난 암컷 고릴라 코코(Koko)의 이야기를 빼놓을 수 없다. 문장을 구사하지는 못했다는 지적이 지배적이기는 하지만, 1,000여 개의 미국 수화에 기초한 몸짓을 이해했을 뿐 아니라 2,000여 개의 구어체 영어 단어를 이해했기 때문이다.

동물의 의사소통 능력이 영장류에 국한된 것은 아니다. "벌은 춤으로 의사소통을 한다. 정찰벌은 꿀을 찾고 돌아와서 동료들에게 8자 모양의 꼬리춤을 춘다. 이때 춤의 방향은 꿀이 있는 방향, 춤의 속도는 꿀이 있는 곳까지의 거리 정보를 담고 있다. 실제로 독일 막스플랑크연구소는 몇 년 전 꿀벌 로봇을 만들어 춤을 추게 했다. 그리고 춤으로 알려준 장소에 가서 기다렸더니 정말 벌들이 그곳으로 날아왔다"(《동아일보》, 2001. 4. 25). 수컷 공작은 화려하고 긴 꼬리 깃털을 펼쳐 생존과 번식 능력을 드러내고, 블랙버드 수컷은 꼬리 깃털을 편 채 어깨를 으쓱대며 용맹성을 과시한다. 꼬마 물떼새는 심지어 일부러 다친 척을 함으로써 천적의 시선을 자신에게 돌려 아기새를 보호하기도 한다.

시각과 청각 그리고 화학적인 방법 역시 동물들 사이에선 흔한 의사소통 방법이다. 침팬지의 경우 먹이를 발견하면 감정을 표현하는 데서 그치지 않고 먹이에 따라 다른 소리를 낸다. 그리고 상대는 그 소리로 동료가 발견한 먹이에 대한 정보를 얻는 등 상황에 따라 30가지 이상의 다른 소리를 내고 이해할 수 있다.

명금류(鳴禽類)는 세력권 점유를 알리기 위해, 침략자를 쫓거나 침략자의 존재를 무리에 알리기 위해, 구애 또는 음식물을 구걸할 목적으로, 새끼를 부르거나 무리 내에서 짝과의 연락 수단으로 다양한 소리를 낸다. 그리고 목도리뇌조는 날개로 공기를 때려 만든 소리로 세력권 점유를 알리며, 윌슨스나이프는 착지하며 꼬리 깃털로 키질하는 소리를 내 구애를 하기도 한다.

수년 전부터 과학자들은 아시아와 유럽에서 흔히 발견되는 뿔개미속(Myrmica) 개미들에 주목하기 시작했다. 나도빗개미(Myrmica scabrinodis)가 배에 난 돌기를 뒷다리로 문질러 만든 소리 신호로 둥지가 위험에 처했을 경우 도움을 청한다는 사실을 알아냈기 때문이다. 개미들은 페로몬으로 화학적 자취를 남겨 의사소통을 한다고 배웠으나, 음향을 이용한 의사소통도 가능하다고 교과 내용에 추가해야 한다.

코끼리가 촉각도 이용해 의사소통을 한다는 것 역시 잘 알려진 사실이며, 약한 발전력을 가진 발전어류의 물고기들은 전기를 만들어 내고 전기를 수용하는 감각기관으로 동종 여부를 확인할 뿐 아니라 구애, 경고, 복종의 의사를 알아차리기도 한다.

개가 후각을 이용해 의사소통을 한다는 것 역시 널리 알려진 사실이다. 개는 "항문의 냄새 맡기로 상대의 건강 상태, 정서적 안정도, 성적인 성숙도 같은 정보를 단번에 읽을 수 있다. 항문 탐색이 끝나면 몸의 다른 부위 냄새 맡기로 넘어가는데 타액, 대소변, 생식기, 꼬리에서도 페로몬 분비가 이루어지기 때문이다. 특히 소변은 또 다른 페로몬의 원천으로 많은 정보를 가지고 있는데 암컷의 경우 번식 생리 상태, 유전적 근연도, 수컷의 경우에는 조직 내의 서열, 힘, 번식력, 나이 등을 알 수 있다고 한다".[19]

울음 소리가 개와 비슷해 '독(dog)'이라는 이름이 붙여진 프레리독은 보초를 서다 적을 발견하면 경고음을 내는데, 그 속에는 포식자의 크기와 색깔, 심지어 모양에 관한 정보까지 담겨 있으며, 최근의 연구에 따르면 이제껏 내본 적이 없는 새 정보를 담은 발성도 가능하다.

이 모든 것을 종합해볼 때 동물도 체계화된 의사소통 시스템을 가졌다는 것을 부정할 수 없다. 그렇다면 인간은 동물과 달리 언어 능력을 가졌기에 본래적 가치도 지녔다는 강한 동물권 부정론자들의 주장은 동물을 착취하기 위한 작위적인 해석으로 보아야 하는 것은 아닌가? 물론 동물의 의사소통 시스템을 인간의 언어에 비교할 수 없다는 것이 인지과학자들의 주된 견해이다. 진화심리학자이자 언어학자인 핑커(Steven Pinker)는 그의 저서 『언어본능(The Language Instinct)』에서 그 차이를 이렇게 요약한다.

동물의 의사소통 시스템

"인간의 언어 이외의 의사소통 시스템은 다음의 셋 중 하나의 양상을 띠고 있다. 즉, (포식자에 대한 경고나 영역주장 등을 위한) 한정된 레퍼토리로 외치는 소리, (동료들에게 전달하고자 하는 먹이 자원이 풍부할수록 꿀벌이 활발하게 춤을 추는 등의) 규모를 표현하는 연속적인 아날로그 신호, (색소폰 연주가 찰리 파커가 깃털을 달고 매번 새롭게 굴곡을 주어가며 반복적으로 새들의 지저귐을 연주하는 것과도 같은) 한 주제에 대한 일련의 무작위적인 변주 중 하나에 기초하고 있다".

인간의 언어

"이른바 '문법'이라는 이산조합 시스템이 인간의 언어를 무한하고(한 언어에서 합성어 또는 복문의 수는 무한하다), 디지털적이며(이 무한성은 온도계의 수은주처럼 연속적으로 신호에 변화를 주는 방식이 아닌, 이산요소들을 특정한 순서와 조합으로 재배열함으로써 얻어진다), 합성적인 것으로(유한한 각각의 조합들은 그 부분들의 의미와 다른 의미 속성을 가지며 그들을 배열하는 규칙과 원리와도 다른 의미 속성을 갖는다) 만들어준다".[20]

고릴라 코코는 1,000여 개의 수화에 기초한 몸짓과 2,000여 단어를 이해했고, 침팬지는 상황에 따라 30가지 이상의 소리를 낼 수 있으며, 견공 체이서는 문장, 구문, 동사, 목적어, 전치사 등의 기초 문법까지 습득했다. 동물에게도 원시적인 언어(proto-language) 능력 또는 제한된 의미의 언어 능력이 있다고 보아야 할 것이나, 문법을 갖춘 언어를 구사할 능력이 없다는 것이 약한 동물권 부정론자들의 생각이다. 그래서 인간의 본래적 가치가 그들의 본래적 가치보다 우월하다고 주장하나, 고차원의 언어를 구사할 능력을 가졌다는 것이 우월한 본래적 가치나 도덕적 지위를 보장해줄지 의문이다. 이제 이 물음과 함께(약한 동물권 부정론이 설득력을 지닐 수 있는지의 물음과 함께) 강한 동물권 부정론이 안고 있는 보다 근본적인 문제점에 대해서도 알아보기로 하자.

능력이 크다는 것이 우월하다는 것을 함축하는가?

우리에게는 이성, 도덕, 언어 능력 이외에도 수많은 능력이 있다. 부정축재를 하고도 기억이 나지 않는다며 잡아떼거나 모르쇠로 일관할 수 있는 능력이 있으며, 심지어 묻지마 살인을 저지를 수 있는 능력도 가졌다. 이들 역시 동물에게서 찾을 수 없는 능력이다. 하지만 이들 능력을 내세워 인간의 본래적 가치를 주장하는 사람을 보지 못했다. 그 이유는 테일러가 지적하는 바와 같이 어떤 존재에게 본래적 가치가

있다는 것은 그 존재가 나름의 추구하는 선을 실현할 수 있
도록 도덕적으로 배려해야 한다는 의미로 이해해야 하기 때
문이다.

[어떤 생명체가 본래적 가치를 지녔다고 했을 때 그렇게 보아
야 하는 이유는 그 생명체가] 스스로 취득한 능력들 때문이 아
닌, 그와 같은 능력들이 특정 방식으로 체계화되었다는 사실
때문이다. 그 능력들이 기능적으로 상호 연관되어 유기체 전
체로서 자신만의 추구하는 선을 갖게 된다고 할 수 있다. 이익
이 되게 한다거나 해가 되게 한다는, 좋거나 나쁘다는, 공정하
다거나 부당하다는 등의 개념을 그 생명체에게 적용해야 한
다. 그 생명체의 선은 도덕적 고려 대상이자 배려 대상이고, 그
존재를 위해 선을 실현하도록 장려하고 후원해야 한다고 심각
하게 말할 수 있다. 그 이유는 그 존재가 자신만의 선을 갖고
있기 때문이다. 모든 생명체에게 어떤 본래적 가치가 있다고
하는 한 당연히 개개의 생명체에게 그와 같은 가치가 있다고
여기기에 충분한 근거인 자신만의 선이 있다고 보아야 한다.
이것이 바로 그들이 본래적 가치를 지녔다는 의미이다.[21]

강한 동물권 부정론자들이 동물의 본래적 가치를 부정하
는 이유는 동물이 추구하는 선은 도덕적 고려 대상이 될 수

없다는 주장을 위해서다.[22] 따라서 그들로서도 본래적 가치에 대한 테일러의 해석에 대해, 즉 어떤 존재가 본래적 가치를 지녔다는 것은 그 존재가 나름의 추구하는 선을 실현할 수 있도록 도덕적으로 배려해야 한다는 의미로 이해해야 한다는 데 대해 이견을 보일 이유가 없다. 이를 염두에 두고 다음의 세 주장을 비교해보자.

-"기린과 인간은 빨갛지 않으므로 본래적 가치를 지니지 못했다"(딸기).
-"딸기와 인간은 꼬리가 없으므로 본래적 가치를 지니지 못했다"(기린).
-"딸기와 기린은 이성, 도덕, 언어 능력을 갖지 못했으므로 본래적 가치를 지니지 못했다"(강한 동물권 부정론자).

기린이나 인간과 달리 자신은 빨갛기 때문에 본래적 가치를 지녔다는 것이 딸기의 주장이다. 그리고 이는 빨간 존재가 추구하는 선은 도덕적 배려 대상인 반면 빨갛지 않은 존재가 추구하는 선은 도덕적 배려 대상일 수 없다는 말과 다르지 않다. 딸기의 주장이 터무니없는 이유는 무엇인가? 어떤 우익인사와 미국산 쇠고기 애호가가 다음과 같이 주장했다고 해보자. "사과는 좌파다. 모두 북으로 보내야 한다." "뉴질랜드산 쇠고기는 믿음이 없다. 수입을 원천 봉쇄해야 한다".

개그가 아니었다면 둘 모두 정상적인 사고가 가능한 사람은 아니라고 보아야 한다. 사고 능력이 있는 대상에게만 적용할 수 있는 개념을 사고 능력이 없는 대상에 적용했기 때문이다. 바꿔 말하면 사과와 쇠고기에게 좌파, 무신론자 운운하는 것은 성질이나 특성의 적용 범위를 잘못 분류한 '범주오인(category mistake)'으로 보아야 한다.

이제 딸기의 주장이 터무니없는 이유를 알 수 있다. 빨갛다는 속성이 딸기에게는 도구적인 가치가 있다. 새를 유혹해 씨를 퍼뜨리는 데 유리하기 때문이다. 하지만 기린과 인간에게는 씨를 퍼뜨릴 이유가 없으며, 따라서 새를 유혹해야 할 이유도 없다. 다시 말해 도구적인 가치가 없는 빨간 속성을 갖지 못했다는 이유로 기린과 인간의 본래적 가치를 부정해 그들이 추구하는 선은 도덕적 배려 대상이 될 수 없다고 주장하고 있으므로, 딸기의 주장도 범주오인의 한 예가 될 수 있다.

기린의 주장도 다르지 않다. 기린에게 긴 꼬리는 모기를 쫓는 데 유용하게 사용될 수 있으나, 딸기와 인간에게는 오히려 방해가 될 수 있기 때문이다. 이렇듯 도구적인 가치가 없는 긴 꼬리를 갖지 못했다는 이유로 딸기와 인간의 본래적 가치를 부정해 그들이 추구하는 선은 도덕적 배려 대상이 될 수 없다고 주장하고 있으므로 기린의 주장도 범주오인으로 보아야 한다.

강한 동물권 부정론자의 주장은 어떠한가? 그의 주장이 성립하기 위해서는 이성, 도덕, 언어 능력이 딸기와 기린에게 도구적인 가치가 있어야 한다. 모기로부터 동물이 내뿜는 이산화탄소를 감지할 수 있는 능력과 비행 능력을 빼앗고 그 대신 비행 원리를 이해할 수 있는 능력, 이타적인 이유에서 흡혈을 자제할 수 있는 능력, 고차원적인 언어를 구사할 수 있는 능력을 선사했다고 해보자. 그렇다면 모기는 자신이 추구하는 선을 지금처럼 잘 실현할 수 없을 것이다. 즉, 이성, 도덕, 언어 능력이 모기에게 도구적인 가치가 없는 것과 같이 딸기와 기린에게도 도구적인 가치가 없다. 따라서 위의 능력들을 갖지 못했다는 이유로 딸기와 기린에게 본래적 가치가 없다는 것 역시 범주오인으로 보아야 한다.

이렇듯 '이성, 도덕, 언어 능력을 갖지 못했다면 본래적 가치를 지니지 못했다'는 강한 동물권 부정론자들의 주장은 설득력을 갖지 못한다. 따라서 그들로서는 범주오인에 노출되지 않고 동물의 본래적 가치를 부정할 수 있는 방법을 모색해야 한다. 어떤 정치인이 부정으로 축재하고도 모르쇠로 일관할 능력을 가졌다는 것이 그 정치인이 본래적 가치를 지녔다고 보아야 하는 이유가 될 수 없다. 될 수 있다는 것은 위의 능력과 관련된 선을 실현할 수 있도록 배려해야 한다는 의미이기 때문이다. 위의 능력과 관계된 선을 배려할 수 없는 이유가 무엇인가?

1995년 3월 20일, 교주 아사하라 쇼코(麻原彰晃)의 지시를 받은 옴진리교 간부와 신자들이 전동차에 맹독 가스 사린을 동시다발적으로 살포해 12명이 목숨을 잃고 5,500여 명이 심각한 상해를 입는다. 1965년 10월 4일, 맹호부대 제1연대 제10중대가 수류탄 투척 훈련을 실시하던 중 이등병 박해천이 실수로 수류탄을 떨어뜨린다. 그러자 중대장 강재구 대위가 몸을 던져 28세의 꽃다운 나이로 산화해 육군은 그의 희생정신을 기려 소령으로 특진시키고 4등 근무공로 훈장을 추서한다.

아사하라 쇼코와 강재구 소령 모두 나름의 능력을 가졌다. 즉, 아사하라 쇼코는 묻지마 살인을 저지를 수 있는 능력을 가졌고, 강재구 소령은 무고한 사람들을 위해 목숨을 희생할 수 있는 능력을 가졌다. 하지만 아사하라 쇼코의 능력은 강재구 소령의 능력과 달리 그에게 본래적 가치를 선사하는 능력일 수 없으며, 그렇게 보아야 하는 이유로 아사하라 쇼코가 추구하는 선은 강재구 소령이 추구하는 선과 달리 인류가 추구하는 보편적인 선과 충돌하기 때문이라는 설명이 가능하다.

강한 동물권 부정론자로서는 여기에 주목할 수 있다. 동물이 가진 능력이 동물에게 본래적 가치를 선사할 수 없는 이유를 그들이 추구하는 선이 인류가 추구하는 보편적인 선과 충돌하기 때문이라는 데서 찾는다면 범주오인 반론으로부터 벗어날 수 있기 때문이다. 하지만 거기에는 큰 함정이 도사리고 있다.

'성서는 하나님의 영감으로 쓰여졌기에 단 한 글자도 틀림 없고 어떤 오류도 없다'는 축자영감설과 성서무오설을 들어 전도를 시도하는 기독교인을 만날 수 있다.

성서의 내용은 단 한 자도 틀림 없다.
성서에 따르면 하나님은 존재한다.
그러므로
하나님은 존재한다.

위의 설명을 듣고 전도될 수 없는 이유는 하나님의 존재를 입증하기 위해 하나님이 존재한다는 것을 전제로 삼고 있기 때문이다. 즉, 성서의 내용이 단 한 자도 틀림 없기 위해서는 하나님이 존재해야 하므로, 위의 주장은 논점을 절취하고 있다.

이제 동물이 추구하는 선은 인류가 추구하는 보편적인 선과 충돌한다는 데 의존해 동물이 가진 능력은 그들에게 본래적 가치를 선사하지 못한다고 주장할 수 없는 이유를 알 수 있다. 위의 주장은 인류가 추구하는 보편적인 선을 실현하는 데 도구적인 가치가 있는 능력만이 본래적 가치를 선사하는 능력이라는 것을 전제로 삼고 있으므로 논점을 절취했다고 보아야 하기 때문이다. 이렇듯 논점 절취의 오류(fallacy of begging the question)를 범하지 않고는 범주오인 반론으로부터 벗어날 수 없으므로 강한 동물권 부정론은 설득력을 지닐 수 없다.

그렇다면 약한 동물권 부정론은 어떠한가? 그를 옹호하는 사람들은 동물의 본래적 가치와 도덕적 지위를 부정하지 않는다. 단지 인간이 동물보다 능력면에서 우월하므로 본래적 가치도 우월하다고 주장할 뿐이다. 동물의 본래적 가치를 부정하지 않는다는 점에서 강한 동물권 부정론보다 합리적으로 비쳐질 수 있으나, 실은 눈가림에 불과하다. 인간과 동물의 이익이 충돌할 경우 인간 편에 서야 한다는 것이 그들의 궁극적인 주장이며, 이는 제1장에서 설명된 바와 같이 동물의 소극적인 권리와 인간의 적극적인 권리가 충돌해도 인간의 권리를 보호해야 한다는 말로서, 예컨대 인간의 춥게 지내지 않을 권리와 동물의 산 채로 가죽이 벗겨지지 않을 권리가 충돌할 경우에도 인간의 권리를 보호해야 한다는 말이기 때문이다.

인간 대 인간의 권리를 생각해보자. 우리에게 춥게 지내지 않을 권리가 있다는 말은 따뜻하게 지내는 데 방해를 받지 않을 소극적인 권리가 있다는 말이지 다른 사람의 외투를 빼앗아 입을 수 있는 적극적인 권리가 있다는 말이 아니다. 그럼에도 동물을 상대로는 적극적인 권리까지도 있다는 것이 그들의 주장이며, 그렇게 보아야 하는 이유가 바로 동물보다 이성, 도덕, 언어 능력에서 우월하기 때문이라는 것이다. 철학자 롬바디(Louis G. Lombardi)에 따르면,

(1)은 다른 존재들 모두가 가진 능력만을 가진 유형의 존재이고, (2)는 다른 존재들 모두가 가진 능력에 더해 다른 능력까지도 가진 유형의 존재라고 할 때, (2)가 (1)보다 더 큰 본래적 가치를 지녔다고 보아야 한다.[23]

약한 동물권 부정론이 성립하기 위해서는 롬바디가 주장하는 바와 같이 '생명체 A가 생명체 B보다 더 많은 능력을 가졌다'는 전제로부터 'A가 B보다 더 큰 본래적 가치를 가졌다'는 결론이 도출돼야 한다. 과연 그런가?

놀이터를 사이에 두고 유치원생 갑수 집과 취업준비생 을

수 집이 마주하고 있다. 갑수가 추구하는 선은 맘껏 뛰어노는 것인 반면, 을수가 추구하는 선은 맘껏 입사시험 준비를 하는 것이다. 을수는 갑수가 가진 뛰어놀 수 있는 능력에 더해 갑수가 갖지 못한 미적분을 풀 수 있는 능력도 가졌다는 것이 갑수를 놀이터에서 뛰어놀지 못하게 할 수 있는 이유가 될 수 없다. 마찬가지로 생명체 A가 생명체 B보다 더 많은 능력을 가졌다는 전제로부터 B가 추구하는 선보다 A가 추구하는 선을 더 배려해야 한다는 결론이 도출되지 않는다.

가치는 적으나 솜씨 있는 작품이 있을 수 있으며, 가치는 크지만 솜씨가 떨어지는 작품도 있을 수 있다. 솜씨면에서 신석기시대 빗살무늬토기는 도자기공모전 대상작품과 비교 대상이 될 수 없다. 그렇다고 공모전 대상작품의 가치가 빗살무늬토기의 가치보다 크다고 할 수 없다. 신석기시대 도공의 솜씨를 대상작가의 솜씨에 견줄 수 없으나, 대상작가의 본래적 가치가 신석기시대 도공의 본래적 가치보다 크다고도 할 수 없다. 뿐만 아니라 대상작가의 본래적 가치가 도자기를 빚을 능력이 없는 사람의 본래적 가치보다 큰 것도 아니다. 그렇다면 능력과 본래적 가치는 무관하다고 보아야 하는 것은 아닌가?

약한 동물권 부정론이자 역시 도자기공모전 대상작가의 본래적 가치가 도자기를 빚을 능력이 없는 사람의 본래적 가치보다 크다고 하지는 않을 것이다. 그렇다고 능력과 본래적 가치 사이의 연관성을 부정할 수도 없다. 그를 부정한다는 것은 동물권 부정론자로서의 정체성을 포기하겠다는 것과 다르지 않기 때문이다. 동물권 부정론자로서 어떤 답변이 가능한가?

그들로서는 인간과 인간이 비교 대상일 경우에는 능력과 본래적 가치의 연관성을 찾을 수 없지만 비교 대상이 동물일 경우에는 찾을 수 있다는 답변만이 가능하다. 하지만 여기에도 함정이 도사리고 있다. 그렇게 보아야 하는 이유를 이성, 도덕, 언어 능력 또는 그 이외의 인간이 가진 능력에서 찾을 수밖에 없기 때문이다. 다시 말해 이성, 도덕, 언어 능력 또는 그 이외의 인간이 가진 능력에 의존하지 않고는 그와 같이 보아야 하는 이유를 설명할 수 없다. 하지만 위의 답변은 인간의 이성, 도덕, 언어 능력이 우월하다는 것이 본래적 가치가 크다고 보아야 하는 이유가 될 수 있다는 것을 보여주기 위한 답변이므로, 논점을 절취하고 있다고 보아야 한다.

뿐만 아니라 범주오인 반론으로부터도 벗어나기 어렵다. 우주에서도 보이는 초대형 비버댐이 발견돼 화제가 된 바 있다. 흙과 나무로 후버댐 2배 길이인 850m의 댐을 만든 비버의 솜씨를 인정하지 않을 수 없다. 하지만 길이를 제외하면 비버댐은 후버댐의 상대가 되지 못한다. 정교한 건축기법으로 후버댐을 만들었으므로 인간의 본래적 가치가 비버의 가치보다 크다고 할 수 있는가? 후버댐이 세워진 협곡에 비버의 건축기법으로 비버댐 규모의 댐을 건설했다면 한 편의 코미디로 끝났을 것이다.

하지만 문제는 비버에게 후버댐 규모의 댐을 선사해도 코미디일 수밖에 없다는 데 있다. 후버댐은 홍수와 가뭄을 극복한다는 인간의 목적에는 부합되나 비버에게는 재앙일 것이기 때문이다. 이렇듯 후버댐은 비버에게 도구적 가치가 없으므로, 후버댐을 만들 능력을 가졌다는 이유로 인간이 비버보다 우월하다고 주장하는 것은 범주오인으로 보아야 한다.

그렇다면 약한 동물권 부정론자로서 어떤 답변이 가능한가? 에베레스트 무산소 등정을 꿈꿔왔던 병수와 정수에게 드디어 기회가 찾아왔다. 어떤 독지가가 후원을 약속했기 때문이다. 하지만 신체검사 결과 정수가 병수보다 심폐지구력, 근지구력, 근력, 유연성 모두 뛰어났고 체온도 높았을 뿐 아니라 병수에게서 약한 천식도 발견됐다. 병수는 그가 꿈꿔왔던 에베레스트 무산소 등정이라는 선을 최적 수준으로 실현할 수 없다는 이유로 에베레스트 대신 백두산 등정을 후원한다는 결정을 내려도 문제될 것이 없다고 보아야 한다.

마찬가지로 약한 동물권 부정론자들을 도와 '생명체 A가

누군가가 인간은 동물과 달리 이성, 도덕, 언어 능력을 가졌기에 고결하고 존엄하다고 말해주지 않았을까?

생명체 B보다 더 많은 능력을 가졌다'는 전제에 'A는 B와 달리 자신이 추구하는 선을 최적 수준으로 실현할 수 있다'는 전제를 추가하면 어떠한가? 그렇다면 'B가 추구하는 선보다 A가 추구하는 선을 더 배려해야 한다'는 결론이 도출되는가?

위의 전제를 추가하는 것이 약한 동물권 부정론자들을 도울 수 있는 유일한 방법일 것이나 그것으로 전세를 역전시키기에는 역부족으로 보아야 한다. 위의 추가된 전제가 의의를 갖기 위해서는 동물이 자신의 선을 최적 수준으로 추구하기 위해서는 더 많은 능력을 필요로 해야 하지만, 동물도 인간의 개입이 없다면 지금 가진 능력으로도 자신들의 선을 최적수준으로 추구할 수 있기 때문이다. (기린, 개구리, 잠자리 뿐 아니라 심지어 테일러가 지적하는 바와 같이 식물, 단세포 원형 동물도 좋은 삶을 갖기 위해 그들이 가진 능력 이상의 능력을 필요로 하지 않는다.[24])

이렇듯 '생명체 A가 생명체 B보다 더 많은 능력을 가졌다'는 전제에 'A는 B와 달리 자신이 추구하는 선을 최적 수준으로 실현할 수 있다'는 전제를 추가해도 약한 동물권 부정론에 설득력을 부여할 수 없다.

4

동물에게 권리가 없다면
치매환자는 어떠한가?

동물의 권리를 부정하는 것은 중증의 치매환자를 대상으로
생체실험을 해도 무방하다고 하는 것과 다르지 않다.

주변부 사람들 논변

동물을 짐승 취급 하려면 치매 환자도 짐승 취급해야 한다

영국의 철학자이자 법학자였던 벤담(Jeremy Bentham, 1748~1832)에 따르면, "다 자란 개나 말이 태어난 지 하루나 일주일, 심지어 한 달 된 아이보다 훨씬 합리적이며 말도 잘 알아듣는다".[1] 벤담이 말했듯이 성장한 개가 신생아보다 영리하다는 것은 익히 알고 있는 사실이다. 유인원에게 생명권, 자유권, 고문을 당하지 않을 권리를 부여할 목적으로 1993년 영장류동물학자, 인류학자, 윤리학자, 과학자들에 의해 추진된 대형유인원 프로젝트(Great Ape Project) 참여자들의 주장 역시 새롭지 않다. "유인원이 아이들이나 정신지체를 가진 사람들보다 지적 그리고 사회적 능력 면에서 오히려 앞선다". 하지만 지극히 평범해 보이는 이 말들로부터 동물에게 권리가 없다는 주장이 안고 있는 치명적인 결함 하나를 유추할 수 있다.

동물해방운동의 지평을 연 철학자 싱어(Peter Singer)는 모든 인간이 공유하고 있는 특성을 찾고자 한다면 그 특성은 인간만이 가진 특성일 수 없다고 갈파한 바 있다.[2] 영국의 심리학자 라이더(Richard Ryder)는 평균의 개, 고양이, 원숭이보다 지적으로 열등할 뿐 아니라 대화도 통하지 않고 자립력도 없는 사람들이 어떤 대우를 받고 있는지 생각해볼

공리주의를 제창한 제러미 벤담은 "이 세상에는 두 부류의 사람들이 있는데, 세상을 둘로 나누려는 사람들과 그렇지 않은 사람들이다"고 꼬집었다. 그는 "문제는 동물에게 이성적으로 사고할 능력이 있는지 또는 대화를 나눌 능력이 있는지가 아니라, 그들이 고통을 느낄 수 있는지다"라고 말함으로써 효용의 원리(principle of utility)를 동물에게까지 적용했다. 사진은 벤담의 유지를 따라 시신을 해부실습용으로 사용한 후 골격을 재조립해 만든 오토 아이콘(auto-icon)이다. 머리는 미라 상태였기에 밀납으로 만들어 얹었다.

것을 권한다.[3] 그러면 동물의 권리를 부정하겠다는 것이 얼마나 위험한 발상인지 감을 잡을 수 있다는 것이다.

대뇌피질의 기능이 정지된, 따라서 정신활동이 가능하지

않은 뇌사자와 지속적 식물 상태의 환자를 생각해보자.[4] 두 환자 모두 도덕, 이성, 언어 능력을 상실한 환자다. 이들 환자와 같이 능력을 상실했거나, 중증의 치매환자와 같이 능력을 충분히 갖지 못한 환자, 또는 위의 능력들을 가져본 적이 없는 사람들을 철학자 나비슨(Jan Narveson)이 주변부 사람들(marginal cases)이라 이름 붙이며,[5] 도덕적 환자(moral patients)로도 불리는 그들 주변부 사람들로 인해 동물의 권리를 부정하는 사람들의 시련이 시작된다.

주변부 사람들

지속적 식물상태의 환자, 중증의 치매환자, 중증의 정신질환자, 중증의 정신지체자와 같이 능력을 상실했거나 충분히 갖지 못한 사람들, 그리고 무뇌아, 선천적인 질환으로 곧 숨질 수밖에 없는 신생아, 중증의 발달장애인과 같이 능력을 가져본 적이 없는 사람들.[6]

능력면에서는 주변부 사람들이 동물보다 오히려 열세에 있다. 따라서 '같은 것은 같게, 다른 것은 다르게'를 주문하고 있는 아리스토텔레스의 형식적 동등 원칙(formal equality principle)에 따라,[7] 능력이 없다는 이유로 동물의 도덕적 지위를 부정하고자 한다면 주변부 사람들의 도덕적 지위도 부정해야 하는 것은 아닌가? 능력을 갖지 못했음에도 불구하고 주변부 사람들의 도덕적 지위를 인정하고자 한다면 동물의 도덕적 지위도 인정해야 하는 것은 아닌가? 다시 말해 강한 동물권 부정론자는 다음의 두 입장 중 하나를 택해야 하는 딜레마에 처하게 된다.

첫째, 치매환자도 동물과 같이 도덕적 지위를 갖지 못했다.
둘째, 동물도 치매환자와 같이 도덕적 지위를 가졌다.

약한 동물권 부정론은 어떠한가? 능력을 충분히 갖지 못했다는 이유로 인간과 동물의 이익이 충돌할 경우 동물의 권리를 침해할 수 있다고 해보자. 그렇다면 형식적 동등 원칙에 따라 능력을 충분히 가진 사람들의 이익과 주변부 사람들의 이익이 충돌할 경우 주변부 사람들의 권리를 침해할 수 있다고 보아야 할 것이며, 능력을 충분히 갖지 못했음에도 주변부 사람들에게 도덕적 지위가 있다고 한다면 동물에게 역시 도덕적 지위가 있다고 해야 할 것이다. 즉, 약한 동물권 부정론자 역시 다음의 두 입장 중 하나를 택해야 하는 딜레마에 빠질 수밖에 없다.

첫째, 치매환자는 동물이 가진 정도의 도덕적 지위밖에 갖지 못했다.

둘째, 동물도 치매환자와 같이 도덕적 지위를 가졌다.

위의 두 경우에서 모두 첫째 입장을 취한다는 것은 지속적 식물 상태의 환자나 중증의 치매환자를 생체실험 도구로 사용해도 된다는 말과 다르지 않으며, 심지어 그들을 과녁 삼아 사격 연습을 하고 햄버거 공장으로 보내도 무방하다는 말과 다르지 않다. 첫째 입장을 취한다는 것은 어불성설이나 그렇다고 둘째 입장을 취할 수도 없는 것이, 그런다는 것은 동물권 부정론자로서의 정체성을 포기하겠다는 것과 다르지 않기 때문이다.

사정이 이렇다면 동물권 부정론자로서 어떤 입장을 취해야 하는가? 동물권 부정론을 포기하고 둘째 입장을 취해야 한다는 것, 즉 주변부 사람들의 도덕적 지위를 인정하기 위해서는 동물의 도덕적 지위를 인정해야 한다는 것이 희랍 철학자 포피리(Porphyry, 234?~305? C. E.)에서 연원한, 그리고 철학자 나비슨이 이름 붙인 '주변부 사람들 논변'이다.[8] (주변부 사람들 논변, 즉 'argument from marginal cases'를 '경계사례 논변'으로 번역하고 있으나 'cases'는 '특별한 대우와 관심을 요하는 사람들'을 뜻하므로 적절한 번역이라 할 수 없다.)

주변부 사람들 논변에 대응할 수 없다면 동물의 권리를

부정하는 사람들은 패륜아라는 오명을 벗을 수 없다. 그들로서는 어떻게든 주변부 사람들 논변이 말하는 딜레마가 거짓 딜레마(false dilemma)임을 밝혀내야 하며, 그러기 위해서는 능력에 무관하게 주변부 사람들과 동물을 차별할 수 있어야 한다. 그것이 가능한가?

반론 1
봉지에 들었다고 마카데미아를 땅콩 취급할 수 없다

뉴멕시코 앨버커키에서 노년을 보내던 새서(Charles Sasser)에게 2009년 어느 날 청천벽력과도 같은 소식이 전해진다. 알츠하이머에 걸렸다는 것이었다. 병세가 악화됨에 따라 감정 표현이 어려워졌고, 결국 대화 능력을 상실하고 만다. 하지만 2014년, 침묵의 나날을 보내던 그에게 기적과도 같은 일이 벌어진다. 딸이 키우는 개 로스코(Roscoe)가 장난감을 건네자 말문을 열고 정답게 속삭였으며, 로스코는 말을 계속 하라는 듯 꼬리를 흔들어댔다. 이 사건이 있은 후 새서에게 네 발로 걷는 친구 둘이 생겼고, 그들 중 특히 말리(Molly)에게는 매일 애정 어린 말을 건넨다.

동물매개치료(animal assisted therapy)가 알츠하이머 환자에게 효과가 있다는 것은 잘 알려진 사실이다. 개에게 인지

장애가 올 수 있다는 것도 이미 새로운 사실이 아니다. 새서 곁에서 친구가 되어준 말리에게 독츠하이머(dogzheimer)가 찾아왔다고 해보자.[9]

새서를 위해 다른 개를 새로 들여야 하는 반면 말리를 위해서는 그럴 수 없다면, 그 이유가 무엇인가? 동물의 권리를 부정하는 사람들로서는 알츠하이머 환자에게는 보살핌을 받을 권리가 있는 반면, 독츠하이머 개에게는 그와 같은 권리가 없다고 보아야 하는 이유를 설명할 수 있어야 한다.

현재의 상태에 초점을 맞춰서는 알츠하이머 환자와 독츠하이머 개를 차별할 수 없다. 따라서 불행을 겪기 이전의 상태로 시선을 돌려, 독츠하이머 개는 불행을 겪기 이전에도 개였던 반면 알츠하이머 환자는 불행을 겪기 이전부터 사람이었기 때문이라는 설명이 최선의 답변일 수 있다.

바로 여기서 주변부 사람들 논변에 대한 중요한 반론 하나가 시작된다. 한 개체의 도덕적 권리는 그의 능력이 아닌 그가 속한 유형(類型)의 능력에 달렸다는 철학자 스캔런(Thomas Scanlon)의 주장이 그것이며,[10] 철학자 스크러튼(Roger Scruton) 역시 다음과 같이 주장함으로써 스캔런에 동조한다.

"우리가 이 세계를 이해할 수 있는 것은 동물과 식물을 분류할 때 종을 기준으로 삼고 특정 개체를 종의 전형으로 인식하기 때문이다. …신생아나 정박아도 우리가 속한 유형인 도덕적 존재유형에 속한 존재다. 따라서 도덕적 대화를 통해 집단 개념으로 마련해 의식적으로 서로에게 제공하는 보호막을 그들에게도 제공해야 한다".[11]

한 개체의 도덕적 권리는 그가 속한 유형에 달렸다고, 즉 그가 속한 유형이 도덕적 존재유형인지에 달렸다고 해보자. 그리고 그가 속한 유형이 도덕적 존재유형인지의 여부는 그 유형의 보통의 구성원들의 능력에 달렸다고 해보자. 보통의 인간이 보통의 동물에게 없는 어떤 능력을 가졌기에 인간이 속한 유형은 도덕적 존재유형일 수 있는가?

위의 물음이 스캔런과 스크러튼이 택한 전략이 얼마나 효율적인지를 말해준다. 도덕에 관계된 능력들 중 보통의 사람들은 가졌으나 동물에게는 없는 능력 하나를 선택해 제시하면, 예컨대 철학자 마찬(Tibor Machan)과 같이 도덕적 행위자로서의 능력을 제시하면, 인간만을 무리 없이 도덕적 존재유형에 편입시킬 수 있기 때문이다. (제3장에서 설명된 바와 같이 동물에게는 도덕적 행위자로서의 능력인 비판적으로 도덕적 자기성찰을 할 수 있는 능력이 없다.)

[주변부 사람들 논변은] "중요한 사실 하나를 놓치고 있다. 일반화에 의존해 능력을 범주화하고 귀속화해야 한다는 것이 그것이다. 부서진 의자를 생각해보자. 부서진 의자는 앉기에 적합하지 않으나 원숭이도 야자나무도 아닌 여전히 의자다. 범주화에 적절한 수식어는 경직성이 아니라 합리성이다. 수면 중이거나 혼수상태의 사람과 같이 잠시 또는 한동안 도덕적 행위자일 수 없는 사람들이 있으나, 사람은 일반적으로 도덕적 행위자로서의 능력을 가진 반면 사람 이외의 존재에게는 그 능력이 결여됐다. 따라서 잠시 또는 한동안 도덕적 행위자일 수 없는 사람들에게 권리가 있다고 이해해 그들의 능력을 존중하고 보호해야 한다는 것이 자연스럽다. 하지만 동물에게는 이와 같은 해석이 적용되지 않는다".[12]

이제 스캔런과 스크러튼의 주장이 주변부 사람들 논변에 대한 반론으로서의 면모를 갖췄다고 할 수 있다. 다음의 명제가 참이라면 주변부 사람들은 동물과 달리 도덕적 권리를 가졌다고 보아야 하며, 따라서 주변부 사람들 논변이 말하는 딜레마는 거짓 딜레마라는 결론에 이를 수 있기 때문이다.

- 한 개체의 도덕적 권리는 그가 속한 유형의 보통의 구성원

에게 도덕적 행위자로서의 능력이 있는지에 달렸다.

위의 명제가 참이라는, 따라서 주변부 사람들 논변은 성공적일 수 없다는 주장을 저술가 그레이엄(David Graham)을 따라 '종 보통성 논변(argument from species normality)'이라 부르기로 하자.[13] 종 보통성 논변에 호소력이 느껴지는 이유는 철학자 레이첼스(James Rachels)가 지적하는 바와 같이 "장애를 가진 사람들에 대한 도덕직관을, 예컨대 운이 없어 뇌사 상태에 빠졌다는 이유로 뇌사자를 함부로 대하지 말아야 한다는 도덕직관을 반영하고 있기 때문일 것이다".[14]

장애를 가진 사람들을 함부로 대하지 말아야 한다는 것은 두말할 필요가 없다. 하지만 주변부 사람들 논변과 그 반론으로서의 종 보통성 논변을 비교할 때, 특별히 종 보통성 논변에 후한 점수를 줄 수는 없는 일이다. 주변부 사람들 논변 역시 장애를 가진 사람에게 함부로 하지 말아야 한다는 도덕직관을 반영하고 있기 때문이다. 오히려 장애를 가진 사람들의 권리와 동물의 권리 사이의 균형을 모색했다는 점에서 주변부 사람들 논변에 후한 점수를 줘야 하는 것은 아닌가?

마찬이 주장한 바와 같이 부서진 의자도 의자다. 앉기에는 적합하지 않지만 원숭이도 아니고 야자나무도 아니다. 주변부 사람들도 다르지 않다. 도덕적 행위자로서의 능력은 상실했으나 여전히 사람이다. 즉, 능력을 상실하지 않은 보통의 사람들이 속한 유형에 속했다고 보아야 한다. 하지만 종 보통성 논변이 설득력을 갖기 위해서는 '한 개체의 도덕적 권리는 그가 속한 유형의 보통의 구성원의 능력에 달렸다'는 명제가 참이라야 한다는 것이 문제다. 위의 명제가 참인가?

재반론
봉지에 든 땅콩이 밉다고 접시에 놓인 땅콩을 미워할 수 없다

"질병관리본부가 '뇌 먹는 아메바'로 알려진 '파울러자유아메바'에 우리나라도 경각심을 갖고 실태 조사를 벌일 필요가 있다고 주장했다. …파울러자유아메바는 주로 강이나 호수에 서식하며 사람의 코를 통해 뇌로 침입, 치명적인 손상을 주는 것으로 알려져 있다. 지난해에는 미국 캔자스 주 집 근처 강가에서 수상스키와 수영을 즐기던 9세 소녀 할리 유스(Hally Yust)가 이 아메바에 감염돼 사망한 바 있다. 파울러자유아메바에 감염되면 특별한 치료약이 없어 높은 치사율을 보인다. 지난 50년 동안 파울러자유아메바에 감염된 128명 중 125명이 사망했다"(〈이데일리〉, 2015. 3. 3).

공기로도 전염되는 변종 파울러자유아메바가 전 세계를 초토화시켜 10만 명을 제외한 세계 인구 모두가 도덕적 행

위자로서의 능력을 잃었다고 해보자. 종 보통성 논변이 옳다면, 따라서 한 개체의 도덕적 권리는 그가 속한 유형의 보통의 구성원에게 도덕적 행위자로서의 능력이 있는지에 달렸다면, 뇌손상을 입지 않은 10만 명에게도 도덕적 권리가 없다고 보아야 한다. 그들에게 도덕적 권리가 없는가?

내 권리가 남의 능력으로 결정된다는 것은 누가 봐도 부당하며, 레이첼스는 부당함을 넘어 비이성적이라고 지적한다.

어떤 침팬지가 (실제로는 가능하지 않을 테지만) 영어로 쓰기와 말하기를 익혀 과학, 문학, 도덕을 논할 수 있는 수준에 이르렀고, 마침내 대학 진학의 포부를 밝혔다고 해보자. 허가 여부를 놓고 의견이 분분한 가운데 어떤 사람이 다음과 같이 주장했다. "대학은 인간만이 갈 수 있는 곳입니다. 인간은 읽고 말할 수 있고 과학을 이해할 수 있지만 침팬지는 그것이 가능하지 않기 때문입니다". 그래서 되물었다. "하지만 이 침팬지에게는 그런 능력이 있습니다". 그러자 그 사람이 대답했다. "알고 있습니다. 하지만 보통의 침팬지에게 그런 능력이 없다는 것이 문제입니다". 이 답변이 설득력이 있는가? 다른 어떤 이유로 침팬지를 대학에 보낼 수 없다고 해도 설득력이 있을 수 있으나, 적어도 위의 주장은 아니다. 한 개체를 어떻게 대해야 할지를 그 개체의 능력이 아닌 다른 개체의 능력으로 판단할 것을 강요하고 있기 때문이다. 다른 침팬지가 글을 읽지 못한 다는 이유로 글을 읽을 수 있는 침팬지에게 읽지 못하게 하는 것은 부당할 뿐 아니라 비이성적이기까지 하다.[15]

물리학에 정통한 IQ 210인 원숭이가 과학교육과에 입학 원서를 제출했다고 해보자. 하지만 다른 원숭이들에게 과학을 이해할 능력이 없다는 이유로 입학허가를 내주지 말아야 한다면, 1966년, IQ 210의 5살배기 김웅용의 과학교육과 입학을 허가한 한양대학교의 결정은 잘못된 것으로 보아야 한다. 당시 김웅용에게는 과학을 이해할 능력이 있었으나, 또래의 아이들에겐 그런 능력이 없었기 때문이다. 엄마를 찾으며 보채면 수업에 방해가 된다는 등의 이유가 아닌, 또래의 아이들에게 과학을 이해할 능력이 없었다는 이유로 입학을 허가하지 말았어야 했다는 것은 누가 뭐래도 넌센스임에 틀림없다.

종 보통성 논변은 분명 차별을 강요하고 있다고 보아야 하며, 인종차별주의나 성차별주의로부터 그들이 강요하는 차별이 부당한 이유를 알 수 있다. 인종차별주의에 따르면 백인종이 유색인종보다 지능이 높고 능력도 뛰어나므로 유색인종을 차별하는 데 문제가 따르지 않는다. 사실과 다르게 백인종의 평균 지능과 능력이 유색인종의 그것보다 우월하다고 해보자. 그렇다고 해도 인종차별주의를 주장하는 것은 오바마 대통령이 평균의 백인보다 지능과 능력면에서 우월함에도 지능이 낮고 무능하다고 여겨 대통령직을 맡기지 말았어야 했다고 주장하는 것과 다르지 않다.

성차별주의도 동일한 문제를 안고 있다. 성차별주의자들에 따르면 남성이 여성보다 현명하고 능력이 뛰어나므로 여성을 차별하는 데 문제가 따르지 않는다. 사실과 다르게 평균의 남성이 평균의 여성보다 현명하고 능력이 뛰어나다고 해보자. 그렇다고 해도 성차별주의를 주장하는 것은 메르켈 수상이 평균의 남성보다 현명하고 능력이 뛰어남에도 어리석고 무능하다고 여겨 수상직을 맡기지 말았어야 했다고 주장하는 것과 다르지 않다.

종 보통성 논변은 어떠한가? 제3장에서 소개된 코끼리 그레이스는 도덕적 주체로서의 능력을 가졌다. 하지만 보통의 사람이 보통의 코끼리보다 지능과 능력면에서 우월하다는 이유로 그레이스는 주변부 사람들이 가진 도덕적 권리를 갖지 못했다는 것이 종 보통성 논변 옹호론자들의 주장이다. 이는 그레이스가 주변부 사람들보다 능력면에서 우월함에도 어리석고 무능하다고 여겨야 한다는 주장으로서, 인종차별주의자와 성차별주의자가 오바마 대통령과 메르켈 수상을 차별하는 방식과 동일한 방식으로 그레이스를 차별해야 한다는 말과 다르지 않다.

보다 심각한 문제는 종 보통성 논변 옹호론자들이 권리만을 언급하고 있다는 데 있다. 보통의 사람들에게 도덕적 행위자로서의 능력이 있다는 이유로 주변부 사람들에게 도덕적 권리가 있다고 보아야 한다면, 그레이엄이 지적하는 바와 같이 동일한 이유로 주변부 사람들에게 도덕적 의무도 있다

땅콩회사 사장님이 회사직영 땅콩가게에 들러 시간을 때우고 있었다. 갑작스런 방문에 긴장한 종업원이 심심풀이 간식으로 땅콩을 내놓았고, 그것이 사건의 발단이었다. 사장님께 땅콩을 봉지째 건넨 것이었다. 격분한 사장님이 노발대발 망치로 땅콩을 부숴버렸다. 크게 당황한 지배인이 봉지를 뜯고 그릇에 부어 다시 드렸으나, 사장님은 땅콩이 밉다고 씩씩거리며 그릇의 땅콩을 엎어버렸다. 봉지에 든 땅콩이 밉다는 이유로 그릇의 땅콩을 엎은 것은 누가 봐도 잘못이다. 종 보통성 논변 옹호론자들이 바로 이와 동일한 우를 범하고 있다.

고 보아야 한다. 중증치매환자가 길 가던 사람에게 욕을 했다면 모욕죄로 처벌해야 하는가? 종 보통성 논변 옹호론자로서는 그래야 한다고 답변할 수밖에 없으나, 이 역시 넌센스임에 틀림없다.[16]

종 보통성 논변을 옹호하기에는 부담스러우나 주변부 사람들 논변을 두고만 볼 수 없다면, 철학자 프레이(R. G. Frey)가 이름 붙인 그리고 종 보통성 논변과 맥을 같이 하는 '유사성 논변(similarity argument)'에 편승하는 것이 대안이 될 수 있다. 프레이에 따르면 중증 정신장애인의 권리는 동물과 공유하지 않은 특성으로부터 나온 것이므로 그들의 권리로부터 동물의 권리를 주장할 수 없다. 여기까지는 프레이의 입장이 종 보통성 논변 옹호론자들의 입장과 차이를 보이지 않으며, 여타 동물권 부정론자들의 생각과도 차이를 보이지 않는다.

하지만 그는 "이성과 특정 기량에서는 차이를 보이지만 그 이외에는 모든 면에서 우리 종의 다른 구성원들과 매우 유사한 중증 정신장애인의 권리를 보호하지 않는 것은 그들에게 지극히 부당한 대우를 하는 것이다"고 주장하며,[17] ('주변부 사람들 논변'이라는 용어를 만든) 나비슨도 피상적인 유사성에 근거한 동정심에까지, 심지어 인종이나 종에 근거한 동정심에까지도 외연을 넓힐 것을 요구하는 감정 일반화에 영

146

합할 것을 주문함으로써 프레이에 동조한다.[18] 한마디로 주변부 사람들은 보통의 사람들과 크게 유사하므로, 보통의 사람들과 같이 권리를 가졌다고 보아야 한다는 것이다.

가족과 남이 다툼을 벌인다면 가족 편에 서는 것이 당연하듯이, 나와 여러모로 닮은 인간 편에 서는 것이 당연할 수 있다. 그렇다면 어떤 면에서 주변부 사람들이 동물보다 보통의 사람들과 유사하다는 것인가?

이성 등 정신적인 면에서는 오히려 동물이 주변부 사람들보다 보통의 사람들을 더 닮았다고 보아야 한다. 따라서 정신에 관계된 유사성을 찾고자 한다면 보통의 사람들과 같은 존재로 성장할 잠재력을 들 수밖에 없으나, 이마저도 여의치 않다고 보아야 한다. 주변부 사람들은 중증의 치매환자와 같이 이성적인 존재로 성장할 잠재력과 무관한 사람들이거나, 무뇌아 또는 선천적인 질환으로 오래 살 수 없는 신생아와 같이 위의 잠재력이 발현될 시점까지 생존이 가능하지 않은 사람들이기 때문이다. 다시 말해 유사성 논변 옹호론자들이 말하는 유사성은 생물학적 또는 유전적인 의미에서의 유사성일 수밖에 없다. 주변부 사람들이 동물보다 생물학적 또는 유전적으로 보통의 사람들을 더 닮았다는 것이 구체적으로 어떤 의미인가?

원숭이 사체를 볼 때의 충격이 앵무새의 사체를 볼 때의 충격보다 크다면 그 이유는 원숭이가 인간을 더 닮았기 때문일 것이다. 하지만 주변부 사람들이 동물보다 보통의 인간을 생물학적으로 또는 유전적으로 더 닮았다는 것을 외형적으로 닮았다는 의미로 해석해서는 승산이 없다. 오랑우탄보다도 보통의 인간을 닮지 않았을 만큼의 기형을 갖고 태어난 신생아가 있을 수 있기 때문이다.

유전자 차이를 들어도 도움이 되지 않는다. 남성과 여성의 유전자 차이가 1%에 달한다는 사실을 감안하면, 1.2%라는 주변부 사람들과 침팬지의 유전자 차이를 유의미한 차이로 볼 수 없기 때문이다. (제2장에서 설명된 바와 같이 인간과 침팬지의 유전자 차이는 1.2%에 지나지 않는다.)

무엇이 어떻게 닮았다는 건지 알 수 없으나, 여하튼 유사성 논변 옹호론자들의 생각대로 주변부 사람들이 동물보다 생물학적으로 또는 유전적으로 보통의 사람들을 더 닮았다고 해보자. (설명된 바와 같이 이성 등 정신적인 면에서는 오히려 동물이 주변부 사람들보다 보통의 사람들을 더 닮았다고 보아야 한다.) 그렇다고 해도 유사성 논변이 설득력을 갖기 위해서 주변부 사람들과 보통의 사람들 사이의 유사성이 권리에 관계된 유사성이라야 한다.

단짝 갑수의 맹장수술 소식에 영구가 빵을 사 들고 병원으로 달려갔다. 하지만 병실에 들어선 순간 경악하고 만다.

낯선 사람이 자신의 이름을 부르며 반겼고, 갑수는 반쯤 풀린 눈으로 벽을 응시하고 있었기 때문이다. 자초지종을 알아본 결과 사악한 집도의가 맹장수술을 하면서 갑수의 뇌를 다른 사람의 육체에 이식하고 갑수의 육체는 1시간 동안 유기체로서의 기능을 유지하게끔 조처를 했던 것이다.

이와 같은 일이 발생했다면 누구에게 빵을 건네야 하는가? 마땅히 자신의 이름을 부르고 이전의 기억을 공유하고 있는 쪽에 건네야 한다. 즉, 외모가 완전히 달라졌으나 여전히 갑수는 존재한다고 보아야 한다. 1시간이 지나 갑수의 육체가 유기체로서의 기능을 잃었다고 해보자. 그렇다고 해도 여전히 갑수는 존재한다. 즉, 갑수의 육체가 유기체로서의 기능을 유지하고 있는지와 무관하게 갑수는 존재하며, 따라서 집도의가 갑수의 권리를 심각하게 침해했지만 그 침해한 것이 생명권은 아니라고 보아야 한다.

단짝 을수의 맹장수술 소식에 일구가 빵을 사 들고 병원으로 달려갔다. 하지만 병실에 들어선 순간 당혹감을 감추지 못한다. 을수가 자신을 알아보지 못했을 뿐 아니라, 온화한 성품은 간데 없고 위협적인 어투로 나가라고 소리쳤던 것이다. 함께 빵을 먹던 기억을 되살리고자 가져온 빵을 건넸으나, 자신은 글루텐 알레르기가 있어 평생 밀가루를 먹어본 적이 없다고 거절한다. 자초지종을 알아본 결과 사악한 집도의가 맹장수술을 하면서 을수의 뇌를 재프로그래밍시켜 이전의 을수와 관계된 기억, 신념, 성격적 특성이 완전히 사라졌다는 것이었다.

재프로그래밍시킨 뇌를 원래의 상태로 돌릴 수 없다면, 을수는 어떻게 된 것인가? 을수는 이 세상 어디에도 더 이상 존재하지 않으며, 따라서 일구는 단짝 을수를 만날 수 있는 기회를 영영 잃고 말았다. 다시 말해 을수는 죽었다고 보아야 한다.

이렇듯 갑수와 을수의 예로부터 죽음이란 생물학적 유기체가 사라진 것이 아닌 정신적인 내력이 사라진 것을 의미한다는 결론을 얻을 수 있으며,[19] 이 결론이 유사성 논변의 한계를 여실히 보여준다. 유사성 논변 옹호론자들이 말하는 주변부 사람들과 보통의 사람들 사이의 유사성은 생물학적 또는 유전적 의미의 유사성일 수밖에 없으나, 위의 결론으로부터 그 유사성은 적어도 생명권에 관계된 유사성일 수 없다는 답변을 얻을 수 있기 때문이다.

유사성 논변이 안고 있는 보다 심각한 문제는 논리를 비약하고 있다는 데 있다. 유사성 논변에 따르면 '주변부 사람들이 보통의 사람들과 유사하다'는 전제로부터 '주변부 사람들은 보통의 사람과 같이 권리를 가졌다'는 결론이 도출된다. 과연 그런가?

병수는 속성 p와 q를 가졌고 정수는 속성 p를 가졌다고 해보자. '주변부 사람들이 보통의 사람들과 유사하다'는 전제로부터 '주변부 사람들은 보통의 사람과 같이 권리를 가졌다'는 결론이 도출된다면, 병수가 가진 속성 p를 정수가 가졌으므로 정수 역시 속성 q를 가졌다고 보아야 한다. 어린이 연쇄성폭행범이 CCTV에 포착됐으나 화질이 선명치 않아 얼굴 식별이 가능하지 않았다고 해보자. 하지만 하체가 유난히 길고 심하게 팔자걸음을 걷는 특징이 드러났다면, 하체가 유난히 길고 심하게 팔자걸음을 걷는 사람 모두를 소아성애자로 보아야 하는가?

반론 2
타종을 차별하지 않고는 참된 의무를 이행할 수 없다

2015년 3월 14~15일 양일간 사우스다코타 주 수폴스에서 열린 총기박람회(Gun Show)에 달리는 흑인의 실루엣을 과녁으로 그려넣은 사격연습용 표적지가 등장해 인종차별 논란을 불러일으킨 바 있다. 19세기 노예사냥꾼을 피해 도망가는 흑인노예의 모습을 우스꽝스럽게 과장한 그림에는 "도망가는 검둥이 공식 과녁(Official Running Nigger Target)"이라고 쓰여 있었다. 1851년 처음 문서화된 미국 흑인민요 「런 니거 런(Run, Nigger, Run)」에서 따온 문구였다. "다른 사람의 마음을 상하게 하지 않았을까"라는 수폴스 지역방송 기자의 질문에 표적지 판매상인은 "당신이 흑인이냐"고 되묻는다.

"당신이 흑인이냐"는 응답에서 표적지 판매상인의 인종차별주의에 대한 깊은 조예를 엿볼 수 있다. 그 한마디에 인종차별주의가 지향하는 가르침의 정수가 묻어나기 때문이다. 그렇다면 사촌격인 종차별주의가 지향하는 가르침은 무엇인가?

"나는 종차별주의자다. 종차별주의는 합당할 뿐 아니라 올바른 행동을 위해 필수적이다. 왜냐하면 종과 도덕이 무관하다고 하는 사람들은 틀림없이 자신의 참된 의무를 잘못 이해할 것이기 때문이다".[20] 종차별 사회에 살고 있음에도 철학자 코헨(Carl Cohen)처럼 당당하게 커밍아웃하는 경우를 보지 못했다. 인종차별주의와 성차별주의를 연상시킬 뿐 아니라 소수의 철학자만이 종차별주의를 옹호하기 때문이다.[21] 이와 같은 상황에서 코헨이 종차별의 첨병을 자처하고 나선 것은 동물의 권리를 부정해야 하는 사람들로서는 낭보가 아닐 수 없다. (코헨은 종차별주의에 기대어 동물실험을 옹호하며, 동물실험 찬성론자들이 코헨에 편승해 실험의 정당성을 주장하는 경우를 종종 보게 된다.)

종차별주의는 여러 양태를 띨 수 있으나 종이 도덕적으로 유의미한 특질이라는 그리고 타종의 이익은 도덕적 고려 대상일 수 없다는 공통분모를 가진다.[22] 타종의 이익이 도덕적 고려 대상일 수 없다는 것은 동물은 주변부 사람들과 달리 권리주체일 수 없다는 말과 다르지 않으며, 따라서 종차별주의는 주변부 사람들 논변에 대한 반론으로서의 면모를 갖출 수 있다.

하지만 종차별주의에 의존해 주변부 사람들 논변을 부정하고자 한다면 종차별주의 자체를 옹호할 수 있어야 하며, 그러기 위해서는 타종의 이익이 도덕적 고려 대상일 수 없는 이유를 설명할 수 있어야 한다. 따라서 종차별주의자들은 인간중심주의자로서의 정체성을 드러내 인간이라는 것이 권리주체이기 위한 필요충분조건이라는 입장을 취한다.

— 어떤 존재에게 도덕적 권리가 있다면, 그 존재는 인간이다. 하지만 동물은 인간이 아니므로, 그들에게 도덕적 권리가 없다.
— 어떤 존재가 인간이라면, 그 존재에게 도덕적 권리가 있다. 그런데 주변부 사람들은 인간이므로, 그들에게 도덕적 권리가 있다.

위의 강한 형태가 종차별주의를 대변하고 있으나, 그를

옹호하기 위해서는 인간종에 특별히 의미를 부여해야 한다. 하지만 "사람을 우선하는 것이 옳아 보이나 … 그렇게 보아야 하는 이유는 모르겠다. 논점을 절취하지 않고 설득력 있는 논변을 제시할 방법이 보이지 않는다"는 철학자 카길(James Cargile)의 고백과 "인간종의 일원이라는 데 대해 우리가 도덕적 무게를 느끼는 이유와 느껴야 하는 이유를 설명하는 것이 쉽지 않다"는 철학자 노직(Robert Nozick)의 고백이 시사하듯이, 인간종에 특별히 의미를 부여할 수 있을지 의문이다.

인간종에 특별히 의미를 부여해야 하는 이유를 찾을 수 없다면, 하지만 종차별주의를 포기할 수 없다면, 다음과 같이 입장을 약화시키는 것이 좋은 대안일 수 있다.

–자신이 속한 종의 구성원에게만 특별히 의무를 가진다.

위의 주장 역시 종이 도덕적으로 유의미한 특질이라는 조건과 타종의 이익은 도덕적 고려 대상일 수 없다는 조건 모두를 충족시킨다. 종이 도덕적으로 유의미한 특질이 아니라면 자신이 속한 종의 구성원에게만 특별히 의무를 가진다는 주장은 성립하지 않으며, 자신이 속한 종의 구성원에게만 특별히 의무를 가진다는 것은 자신이 속한 종의 이익이 걸렸다면 타종의 이익은 고려 대상일 수 없다는 말과 다르지 않기 때문이다. 이렇듯 위의 약한 형태의 종차별주의 역시 종차별주의로서의 면모를 갖췄다고 보아야 한다.

약한 종차별주의의 경우 "당신이 흑인이냐"고 되물은, 즉 백인이면 백인에게만 신경을 쓰라는 표적지 판매상인을 연상시켜 유쾌하지 않으나, 강한 형태를 옹호하는 데 따르는 어려움으로부터 벗어날 수 있다는 이점을 지니고 있다. 쌍꺼풀 눈을 가진 학급임원들이 투표를 주도해 화장실과 교실바닥 청소는 쌍꺼풀이 없는 급우들이 전담한다는 학급규칙을 정했다고 해보자. 강한 형태의 종차별주의를 옹호하기 위해서는 인간종에 특별히 의미를 부여해야 하는 이유를 제시할 수 있어야 한다. 따라서 쌍꺼풀 눈을 가진 학급임원들이 그랬던 것처럼 임의적인 잣대로 타종을 차별한다는 반론에 노출될 수 있다. (쌍꺼풀과 청소는 무관하다는 점에서 임의적인 잣대로 보아야 한다.) 하지만 약한 종차별주의는 인간종에 특별히 의미를 부여하지 않으므로 위의 반론으로부터 자유로울 수 있다.

황금률을 따를 수 있다는 것도 큰 강점일 수 있다. 즉, 강한 형태의 종차별주의와 달리 돼지에게 "돼지의 이익이 걸렸다면 인간종을 맘껏 착취할 수 있다"고 아량을 베풀 수 있으므로, "자기가 하기 싫은 일을 남에게도 하게 해서는 안

된다(己所不欲勿施於人)"(『논어』,「위령공」 편)는 그리고 "남이 너희에게 해주기를 바라는 그대로 너희도 남에게 해주어라"(마태복음, 7장 12절)는 황금률에도 위배되지 않는다. 뿐만 아니라 독일의 철학자 칸트(Immanuel Kant, 1724~1804)가 황금률을 보편화로 세련화해 내놓은 정언명령(categorical imperative)도 따를 수 있다.[23] 모든 종에게 "자신의 종에 대한 의무에 충실해야 한다"고 말해줄 수 있기 때문이다.

약한 형태의 종차별주의의 경우 적어도 외형상으로는 '차

홀로코스트 생존자 대다수가 가장 엄격한 채식주의자인 비건(vegan)으로 전향한 이유는 동물취급을 몸소 당해봤기 때문이다. 사진은 아우슈비츠 제2캠프인 비르케나우에 수용된 유대인 여성들의 모습이다.

별주의'의 오명을 벗을 수 있다. 하지만 인간종에게 대항할 힘도, 의지도 없는 돌고래, 기린, 돼지에게 인간종의 이익을 고려하지 않아도 된다는 식의 아량을 베푼다는 것이 어떤 의미인가? 묘수임에 틀림없으나, 결국 꼼수 아닌가? 여하튼 약한 종차별주의가 주변부 사람들 논변에 대한 반론으로서 설득력을 갖기 위해서는 그 자체가 설득력을 지녀야 한다. 그리고 그러기 위해서는 (강한 종차별주의가 설득력을 지니려면 그래야 하는 것처럼) 종이 도덕적으로 유의미한 특질이라야 할 뿐 아니라, 무엇보다도 종을 분류하는 것이 가능해야 한다.

재반론 1
종을 분류하고자 한다면 진화를 포기해야 한다

폭발적인 인구증가가 지구온난화를 가속시켜 열대우림이 자취를 감춘 지 오래다. 대기중의 산소가 줄어들어 호흡마저 어려워졌고, 병충해가 창궐해 주요 작물은 멸종된 상태다. 마지막 남은 옥수수 농사에 희망을 걸었으나 강수량이 부족해 해가 갈수록 수확량이 감소하고 있다. 인류 멸망 시계의 초침이 급격히 빨라지자 미국항공우주국은 인류를 구한다는 특단의 계획을 세운다. 웜홀(warmhole)을 이용해 가임

남녀 10만 명을 지구와 환경이 비슷한 행성 '케플러 438b'
로 보낸다는 것이 플랜 A였으며, 지구와 환경이 비슷한 '케
플러 442b'로 또 다른 가임 남녀 10만 명을 보낸다는 것이
플랜 B였다. 계획은 실행에 옮겨졌고 기대 이상의 성공을 이
룬다.

짧지 않은 세월이 흘렀고, 두 행성에 정착한 인류는 지구
에 남아 멸종을 겨우 면한 잔류인류를 돕기 위해 각기 지구
를 방문한다. 하지만 케플러 438b에서 방문한 인류는 우주
방사선이 유발한 염색체 돌연변이로 잔류인류와 형태적인
면에서는 차이가 없으나 교배가 가능하지 않게 되었으며, 케
플러 442b에서 방문한 인류는 케플러 442b의 환경적인 영
향으로 잔류인류와 교배는 가능하지만 형태적으로 상이한
특징을 갖게 되었다. 케플러 438b에서 방문한 인류와 잔류
인류가 같은 종인가, 아니면 다른 종인가? 케플러 442b에서
방문한 인류와 잔류인류는 어떠한가?

종을 분류하는 것이 가능하지 않다면 종차별주의는 성립
하지 않는다. (종 분류 문제를 해결할 수 없다면 약한 형태뿐 아
니라 강한 형태의 종차별주의도 설 땅을 잃게 된다. 따라서 여기서
는 두 형태를 구분하지 않기로 하자.) 따라서 종차별주의자로서
는 마땅히 답변을 내놓아야 하지만, 그들로서는 조급할 이유
가 없다. 철학자 윌킨스(John Wilkins)가 집계한 결과 지금까

지 기본개념과 복합개념을 포함해 26개의 종개념이 제시되었으며,[24] 따라서 그들 모두를 활용할 수 있는 구조이기 때문이다. 역으로 종차별주의를 부정하는 진영에서는 종차별주의자들의 설명을 모두 부정해야 하는 형국이다.

하지만 그들 종개념을 컨벤셔널리즘(conventionalism)과 리얼리즘(realism)을 양극단으로 스펙트럼식으로 전자에서 후자에 가까운 순으로 5개의 기본개념으로 나열할 수 있다는 것은 종차별주의를 부정하는 진영에게는 다행이 아닐 수 없다.[25]

지금까지 제시된 종개념을 본질주의 종개념을 필두로 생물학적 종개념까지 그리고 생물학적 종개념을 필두로 본질주의 종개념까지 스펙트럼식으로 나열할 수 있다는 것은 위의 두 종개념에 문제가 있다면 종개념 전반에 문제가

컨벤셔널리즘

본질주의 종개념(essentialist species concept)

표현적 종개념(phenetic species concept)

진화학적 종개념(evolutionary species concept)

짝인식 종개념(recognition species concept)

생물학적 종개념(biological species concept)[26]

리얼리즘

있다는 의미이다. 따라서 종차별주의를 부정하고자 한다면 위의 두 종개념의 문제점을 지적하는 것으로 족하다 할 수 있다.

본질주의 종개념에 따르면 오직 한 개체군의 유기체만이 가진 한 세트의 속성들이 존재하며, 그 개체군의 유기체를 하나의 종으로 분류해야 한다. 본질주의 종개념을 적용하면 케플러 438b에서 방문한 인류와 잔류인류에 대해 어떤 답변을 내놓을 수 있는가? 방문인류와 잔류인류 사이에는 교배가 가능하지 않다. 그럼에도 본질주의 종개념을 적용하면 형태적인 특징으로 구별하기 어렵다는 이유로 같은 종으로 분류해야 한다. 반면 케플러 442b에서 방문한 인류와 잔류인류 사이에는 교배가 가능하지만, 상이한 형태적 특징을 가졌다는 이유로 다른 종으로 분류해야 한다.

위의 답변에 만족할 수 있는가? 종차별주의자로서도 위의 답변에 동의할 수 없는 일이다. 오히려 그 반대로 분류하지 않는다면, 즉 케플러 438b에서 방문한 인류와 잔류인류를 다른 종으로 그리고 반면 케플러 442b에서 방문한 인류와 잔류인류를 같은 종으로 분류하지 않는다면, 진화사에 기초해 생물을 분류하는 데 혼란이 따를 수밖에 없으며, 계통분류학 자체가 위기에 처할 수밖에 없기 때문이다.[27] 다시 말해 본질주의 종개념에 의존해 종차별주의를 주장할 수 없다고 보아야 한다.

생물학적 종개념의 경우는 어떠한가? 생물학적 종개념을 적용하면 나름 만족할 만한 답변을 얻을 수 있다. 케플러 438b에서 방문한 인류와 잔류인류는 다른 종으로 그리고 케플러 442b에서 방문한 인류와 잔류인류는 같은 종으로 분류할 수 있기 때문이다. 하지만 생물학적 종개념은 20세기에 들어 명확하게 정의될 때부터 예외와 모호성으로 점철되었다는 생물학자 윌슨(Edward O. Wilson)의 평가와 생물학적 종개념이 말하는 경계 설정이 객관적인 것일 수 없다는 진화생물학자 마이어(Ernst Mayr)의 평가가 시사하는 바와 같이,[28] 생물학적 종개념으로 본질주의 종개념을 대체할 수 있을지 의문이다.

새끼를 낳을 수 없으면 다른 종이라고 배웠듯이, 자연환경에서 실제적으로 또는 잠재적으로 교배가 가능한 개체군, 즉 생식적으로 고립된 개체군을 일반적으로 종으로 분류하고 있으나 무엇보다도 고립 메커니즘에 대해 의문을 제기할 수 있다. 생물학적 종개념을 정립한 마이어가 말했듯이 고립 메커니즘을 정의하는 데 있어 지리적 격리는 제외시켜야 한다. "샌프란시스코 만이 캘리포니아 주민들로부터 앨커트래즈(Alcatraz)에 수용된 죄수들을 격리시키고 있으나 그것이 고립 메커니즘은 아니며, 교배가 가능한 두 개체군 사이에 놓인 그래서 그들 사이의 교배를 차단하고 있는 산이나 개울 역시 고립 메커니즘이 아니다".[29] 바꿔 말하자면 생물학적 종개념의 성패는 잠재적으로 교배가 가능한지의 여부에 달렸다고 보아야 한다.

보노보 원숭이와 침팬지를 비교해보자. 그들 사이에 생김새에 큰 차이를 보이지 않는다. (보노보 원숭이를 피그미 침팬지로 불렸으나 수컷 침팬지가 유독 덩치가 크고 무게가 많이 나가는 것을 제외하면 그들 사이에 덩치 면에서 큰 차이를 보이지 않는다.) 그럼에도 생물학적 종개념을 옹호하는 사람들은 잠재적으로도 교배가 가능하지 않다는 이유로 그들을 다른 종으로 분류한다. 그들 사이에 잠재적으로도 교배가 가능하지 않은가?

유럽의 무당개구리(fire-bellied foad)와 노란배개구리(yellow-bellied toad)는 생김새에 큰 차이를 보임에도 교배가 가능하며, 서부들종다리(Western meadowlark)와 동부들종다리(eastern meadowlark)는 전반적인 생김새에 차이가 나지 않을 뿐 아니라 서식지를 공유함에도 노래 소리가 달라 교배를 하지 않는다. 다시 말해 생김새로는 잠재적으로 교배가 가능한지에 대한 정보를 얻을 수 없으며, 화석연구 등의 방법으로도 가능하지 않다. 따라서 생물학적 종개념을 적용하기 위해서는 구애, 승가, 사정, 육아 등의 생식 행동과 교배 패턴을 관찰하고 그를 근거로 교배 가능성 여부를 추측할 수 밖에 없다.

보노보 원숭이와 침팬지를 다른 종으로 분류한 것도 콩고강 남쪽에서만 서식하는 보노보 원숭이의 생식 행동과 교배 패턴을 관찰하고 침팬지와 잠재적으로도 교배가 가능하지 않을 것으로 추측한 결과이다. 하지만 추측은 말 그대로 추측에 불과하다고 보아야 한다. 사자와 호랑이를 동물원에서 합사하기 전까지는 교배 가능성을 점치지 못했으며, 라이거와 타이곤이 태어난 것은 무척이나 예상 밖의 사건이었다. 하지만 그들이 자연 상태에서도 후손을 생산할 수 있을지 의문이며, 생산할 수 있다고 해도 후손인 라이거와 타이곤에게 번식 능력이 없으므로 그들을 같은 종으로 분류할 수는 없다.

보노보 원숭이와 침팬지를 놓고도 동일한 진단이 가능하다. 심지어 자연 상태에서도 교배가 가능할 수 있을 뿐 아니라, 가능하다고 해도 후손에게 번식 능력이 없을 수 있기 때문이다.

하등동물 역시 생물학적 종개념의 한계를 뚜렷하게 드러낸다. 생물학적 종개념의 적용 대상은 유성생식 동물에 국한된다. 따라서 무성생식 동물을 분류할 수 없으며, 무성생식 식물, 균류, 미생물도 분류 대상에 포함시킬 수 없다.[30] 보다 심각한 문제는 생물학자 텃지(Colin Tudge)가 지적하는 바와 같이 자연 상태에서 잡종구역(hybrid zone)이 형성될 수 있다는 데 있다.

유럽의 무당개구리와 노란배개구리는… 이름이 말해주듯이 색깔이 다를 뿐 아니라, 구애 소리도 다르고 서식지도 겹치지 않는다. …18세기의 저명한 분류학자 린네(Carl Linneus)가 그들을 다른 종으로 분류하는 데 어려움이 없었다. … 하지만 그들이 서식지를 공유하게 되며 … 교배를 했고 잡종을 생산해냈다. … 잡종구역을 형성한 것이다. … 그들을 어떻게 분류해야 하는가? 교배가 가능하고 잡종을 생산해낼 수 있으므로 어떤 종개념에 따르면 같은 종으로 분류해야 한다. 하지만 상식적으로도 그렇고 관찰해 보아도 알 수 있듯이 그들은 분명 다른 종이다. 더욱이 그들 사이에서 태어난 잡종은 (명백히!) 그들보다 생존 가능성이 떨어지므로, 생물학자들은 일반적으로 그들을 다른 종으로 분류한다.[31]

생식적으로 불완전한 격리 상태의 두 개체군 사이에 일어나는 침투교잡(introgression) 현상 역시 자연 상태에서 생식적으로 완전한 격리가 가능하지 않다는 것을 보여준다. 즉, 자연 상태에서 두 격리 집단 간에 격리가 불완전한 종간에

생긴 잡종이 그 양친 중 어느 한쪽과의 반복된 자연교잡으로 타종으로부터 유전자 이입이 일어날 수 있으며, 이 침투교잡 현상이 '생식적 고립'이 명확한 개념일 수 없다는 것을 말해준다.[32]

이상에서 알아본 바와 같이 생물학적 종개념에 의존해서도 종차별주의를 주장할 수 없다고 보아야 한다. 물론 지금까지 설명력 있는 종개념을 제시하지 못하고 있다는 것이 종 분류가 가능하지 않다는 것을 의미하지 않는다. 만족할 만한 종개념을 제시하는 것이 가능할지 심히 의문이나,[33] 뛰어난 계통분류학자가 나타나 객관적인 종개념을 내놓았다고 해보자. 그렇다고 해도 종차별주의자로서 안도하기에는 이르다.

미래의 어느 시점에 인간종보다 우월한 종이 인간종으로부터 갈라져 나왔다고 해보자. 그렇다면 그 우월한 종에게 도덕적 지위가 있는가? 그렇지 않다는 것은 답변이 될 수 없다. 그들에게 도덕적 지위가 없다면 그래프트가 지적하는 바와 같이 도덕적 지위를 잃지 않고는 진화할 수 없다고 보아야 하기 때문이다.[34] 즉, 우리가 진화를 거쳐 지금 이 자리에 온 것이 아니라는 입장을 취하거나 지금 우리에게 도덕적 지위가 없다는 입장을 취하지 않고는 그 우월한 종의 도덕적 지위를 부정할 수 없다. (100만 년 전의 인류보다 지금의 인류가 우월한 이유는 진화를 거쳤기 때문이며, 지금 우리에게 도덕적 지위가 있다는 것을 부정할 수 없다.) 이렇듯 그 우월한 종에게 도덕적 지위가 있다는 답변밖에는 가능하지 않으나, 이는 종차별주의자로서 정체성을 포기해야 한다는 말과 다르지 않다. 그들의 도덕적 지위를 인정해야 한다면 (지금 우리에게 도덕적 지위가 있다는 것을 부정할 수 없으므로) 침팬지의 도덕적 지위를 인정하지 않을 수 없기 때문이다.

재반론 2
종이 도덕에 관계된 특질이라면 외계종의 식탁에 기꺼이 올라가야 한다

1991년 5월 27일 이른 새벽, 작고 가녀린 소년이 발가벗은 채로 저소득층 거주 지역인 위스콘신 주 밀워키의 북 25번가를 방황한다. 라오스에서 이민 온 코너락(Konerak Sinthasomphone)이라는 이름의 14세 소년은 약에 취한 듯 눈동자에 초점이 없었으며, 다리에는 직장에서 흐른 듯한 핏자국이 선명했다. 10대 후반의 두 흑인 여성이 경찰에 신고를 했으나 뒤좇아온 금발의 청년이 소년을 데려가려 한다. 신고 여성들이 청년과 몸싸움을 벌이는 사이 두 명의 백인 경찰관이 도착했고, 청년은 소년을 자신의 19세 남자친구라

고 설명한다. 함께 술을 마시던 중 약간의 말다툼이 있었다는 것이었다. 누가 봐도 어린아이이고 영어도 할 줄 모른다는 신고 여성들의 항의를 뒤로하고 경찰관들은 청년의 주거지를 확인하기 위해 소년과 함께 924번지 213호로 향한다. 역한 냄새가 거실에 가득했으나 원인을 조사하지 않고 소년을 청년에게 인계한다.

그로부터 두 달이 채 지나지 않은 7월 22일, 같은 장소에서 유사한 사건이 발생한다. 924번지 213호에서 도망쳐 나온 흑인청년 에드워드가 한 손에 수갑이 채워진 채로 순찰 중인 경찰관에게 도움을 청한 것이다. 두 명의 경찰관이 213호의 문을 두드리자 금발의 청년이 태연히 맞이한다. 하지만 흥분한 에드워드가 침실에 칼이 있다고 목청을 높이자 경찰관 한 명이 들어가 확인한다. 칼을 발견하지 못하고 나오려는 순간 옷장 밖으로 삐져나온 사진 한 장이 경찰관의 눈에 들어온다. 연쇄살인마 다머(Jeffrey Dahmer)가 세상에 악명을 떨치는 순간이었다. 213호를 배경으로 심하게 훼손된 사체들을 찍은 사진들이 옷장에 널려 있었기 때문이다. 사건을 담당한 밀워키 카운티 순회법원은 15명의 남성에 대한 살인, 사체오욕, 식인 등의 혐의와 에드워드에 대한 살인미수 혐의를 유죄로 인정해 957년의 징역형을 언도한다.

다머가 사형선고를 면할 수 있었던 것은 위스콘신 주가 1853년 사형제도를 폐지했기 때문이었다. 유영철이나 박호순이 아닌 이상 다머에게 법정 최고형이 적정하다는 데 이견을 보이지 않을 것이다. 종차별주의자 역시 위의 상식적인 법감정에 동참할 수 있다. 동종인 인간에 대한 의무를 저버렸기 때문이라는 설명이 가능하기 때문이다. 그렇다면 코너락을 살육장에 팽개치고 돌아선 두 백인 경찰관에 대해서는 종차별주의자로서 어떤 평가를 내릴 수 있는가?

백인소년이 코너락의 행색으로 거리를 배회했고, 흑인청년이 뒤쫓아와 자신의 남자친구라며 그 백인소년을 데려가려 했다고 해보자. 상황이 이랬어도 그들 두 경찰관이 소년을 청년에게 인계했을지 심히 의문이다. 코너락은 유색인종이었고 다머는 백인이었다는 사실이 그들의 안일함에 일조를 했다면, 그들은 인종차별적 성향을 가진 자들로서 비난을 면할 수 없다.

바로 여기가 종차별주의의 민낯이 드러나는 대목이다. 종차별주의라는 용어를 만든 영국의 심리학자 라이더(Richard Ryder)가 지적한 바와 같이 인종차별주의와의 차이점을 발견하기 어렵기 때문이다. "종차별주의와 인종차별주는 외모로 가진 선입견으로서, 생김새가 다르면 도덕적 고려 대상에서 제외시킨다. … 두 차별주의 모두 차별하는 대상과의 유사성을 간과하거나 과소평가하고, 이기심에서 차별 대상의 이익을 부당하게 편취하고, 고통을 안기는 것을 당연시한다".[35]

인종차별주의가 설득력을 얻기 위해서는 피부색으로부터 도덕에 관계된 정보를 얻을 수 있어야 한다. 즉, 피부색이 도덕적으로 유의미한 특질이 아니라면 인종차별주의는 편견에 기인한 지배 이데올로기라는 평가를 받아야 한다. 성차별주의도 다르지 않다. 성별로부터 도덕에 관계된 정보를 얻을 수 없다면, 성차별주의 역시 성적 편견에 기인한 지배 이데올로기가 아닐 수 없다.

하지만 피부색이나 성별이 도덕과 무관한 특질이라는 것은 두말할 필요가 없다. 종차별주의는 어떠한가? 종차별주의자로서는 어떻게든 차별이라는 주특기를 살려 위의 두 차별주의를 차별해야 하며, 그러기 위해서는 종이 도덕적으로 유의미한 특질이라는 것을 보여줘야 한다. 그것이 가능한가?

강한 형태의 종차별주의에 따르면 인간이라는 것이 권리 주체이기 위한 필요충분조건이다. 도덕은 인간종에 국한된 것이라는 주장이지만, 인간종이라는 것이 도덕적으로 유의미한 특질이 아니라면 그들의 주장은 설득력을 잃게 된다. 즉, 강한 종차별주의를 옹호하기 위해서는 인간종이라는 것을 도덕적으로 유의미한 특질로 보아야 하는 이유를 설명할 수 있어야 하지만, 외통수에 몰렸다는 것이 문제다. 주변부 사람들의 정신 능력이 오히려 동물의 그것에 미치지 못하므로, 정신에 관계된 이유를 들 수 없기 때문이다. 다시 말해 생물학적 또는 유전적인 이유를 들 수밖에 없으나, 그래서는 승산이 없다고 보아야 한다.

예컨대 인간의 가장 두드러진 유전적인 특징인 46개의 염색체를 이유로 들었다고 해보자. (46개의 유전자를 갖지 못한 주변부 사람들이 있을 수 있으나, 그들의 유전자도 인간의 유전자 구조를 취하고 있으므로 유전적으로 인간으로 보아야 한다는 설명이 가능하다.) 하지만 38개나 78개가 아닌 특별히 46개의 염색체에 도덕적인 의미를 부여해야 하는 이유를 설명할 방법이 없다는 것이 문제다. 강한 종차별주의 옹호론자로서는 인간 고유의 염색체가 아니기 때문이라는 답변밖에는 가능하지 않으나, 이는 인간종이 특별하다는 말과 다르지 않으므로 논점 절취의 오류이기 때문이다.

생물학적 또는 유전적으로 인간인지의 여부로 권리주체인지의 여부를 가름할 수 없다는 것은 다음의 예로도 확인할 수 있다. 앞서 논의된 갑수, 을수 예와 구조적으로 다르지 않은 다음의 예를 생각해보자. 뇌의 신경망을 완전히 바꿔 재프로그래밍시킬 수 있는 시점에 이르렀다고 해보자. 교황의 뇌를 무신론 철학자 러셀의 뇌로 재프로그래밍했다면, 그래서 과거 교황의 기억, 신념, 성격적 특성이 모두 사라지고 러셀의 것으로 대체됐다면, 교황의 육체는 살아 존재하지만 교황은 더 이상 존재하지 않는다고 보아야 한다. 다시 말해 교황은 죽었다고, 즉 교황의 생명권이 박탈당했다고 보아야 한다. 하지만 신경망에는 손을 대지 않은 채 교황의 뇌를 다른 사람의 육체에 이식했다면, 교황은 여전히 존재한다고 보아야 한다. 즉, 이 경우 역시 교황의 권리가 심각하게 침해당했으나 그 침해당한 권리가 생명권은 아니라고 보아야 한다.[36]

위의 두 예로부터 생명권을 생물학적 유기체의 계속 존재할 권리가 아닌 정신적인 내력의 계속 존재할 권리로 보아야 한다는 결론을 얻을 수 있듯이, 유전적 의미의 인간이라는 것과 도덕적 의미의 인간이라는 것은(도덕적 권리의 주체라는 것은) 별개의 개념으로 보아야 한다. (뇌사자도 유전적인 의미에서의 인간이며, 따라서 유전적인 의미의 인간과 도덕적 의미의 인간이 별개의 개념이 아니라면 뇌사자로부터 장기를 적출하는 것을 살인으로 보아야 한다.) 이렇듯 위의 두 예로 알 수 있듯이 도덕적 권리는 유전적인 특질에 관계된 것이 아닌 정신 능력에 관계된 것으로 이해해야 한다. 즉 생물학적 또는 유전적인 이유를 들어 인간종이 도덕적으로 유의미한 특질임을 보여줄 수 없다.

약한 형태의 종차별주의는 어떠한가? 약한 형태의 경우 타종의 권리를 부정하지 않는다. 따라서 돼지에게 "돼지의 이익이 걸렸다면 인간종을 맘껏 착취할 수 있다"고 아량을 베풀 수 있는 등 황금률을 따를 수 있다.

인종차별주의는 어떠한가? 유색인종의 권리를 부정하는 사람들이 인종차별주의자를 대변하고 있으나, 그들로서도 약한 종차별주의 옹호론자들로부터 한수 배워, 유색인종의 권리를 부정하지 않을 수 있다. 즉, 백인의 의무는 백인종에 국한된다고 주장할 수 있을 뿐 아니라, 너희 인종에 대한 의무에 충실하라고 유색인종에게 아량을 베풀 수 있다. 성차별주의자 역시 인색한 모습을 보일 이유가 없다. 남성의 의무는 남성에 국한된다고 주장함으로써 여성의 권리를 부정하지 않은 채 여성을 차별할 수 있을 뿐 아니라, 여성에게 여성에 대한 의무에 충실하라고 아량을 베풀 수 있다.

인종차별주의자와 성차별주의자가 인색한 모습을 보이지 않을 수 있는 그리고 아량을 베풀 수 있는 이유가 무엇인가? 그 이유는 백인과 남성이 주도권을 쥐고 있기 때문이다. 다시 말해 유색인종과 여성이 주도권을 쥐고 있다면 유색인종과 여성의 의무는 유색인종과 여성에 국한된다거나, 그들에게 유색인종과 여성에 대한 의무에 충실하라고 말할 어리석은 인종차별주의자와 성차별주의자는 없을 것이다. 하지만 종차별주의자는 바로 그 어리석음을 보이고 있다.

철학자 맥긴(Colin McGinn)에 따르면, "강하고 뛰어난 외계종의 약탈로부터 인간종이 자유로운 이유는 전적으로 우주공간 때문이다. 악몽이 현실로 나타나지 않는 이유는 순전히 거리 때문이고, 우주여행이 인간종의 강등을 불러올 잠재적인 경로다. 그들 외계종이 달에 살지 않는 것은 순전히 행운이다".[37]

우리와 마찬가지로 착취 성향을 가진, 하지만 우리보다 강하고 뛰어난 외계종이 지구를 접수했다고 해보자. 그래서 우리의 주거공간을 파괴하고, 우리의 피부로 겨울을 나고, 우리를 공장식으로 사육해 식탁에 올리고, 사냥감으로 삼는다고 해보자. 그들이 참된 의무를 이행하고 있는 것인가? "너희도 너희 인간종에 대한 의무에 충실해라"고 아량을 베푼다면 감격해야 하는가? 그래서 기꺼이 사육당하고 그들의 식탁에 올라가야 하는가? 종차별주의는 소위 말하는 '알파 센터우리인 논변(Alpha Centaurian argument)'에 노출될 수밖에 없다는 말로서, 외계종에게 기꺼이 사육당하고 그들의 식탁에 흔쾌히 올라가겠다는 마음가짐 없이는 종차별주의를 주장할 수 없다는 뜻이다.

주변부 사람들 논변의 등장으로 동물의 권리를 부정하는

사람들은 절체절명의 위기를 맞았음에 틀림없다. 중증의 치매환자나 발달장애인을 사지로 내몰지 않으려면 주변부 사람들 논변을 부정할 수 있어야 하지만, 논의된 바와 같이 그에 대한 대표적인 반론인 '종 보통성 논변', '유사성 논변', '종차별주의 논변' 모두 실패작으로 보아야 하기 때문이다. 그렇다면 어떤 결단을 내려야 하는가? 치매환자와 발달장애인들의 권리를 보호하기 위해서라도 동물의 권리를 인정해야 한다는 말이다.

동물에게 권리가 없어 보이는 것은 무지와 오만이 잉태시킨 착시 때문이다. 이제라도 착시에서 벗어나 동물의 서식지를 파괴하고, 모피를 걸치고, 동물을 공장식으로 사육하고, 잔인하게 도축하고, 공연에 동원하고, 실험에 사용하고, 사냥감으로 삼는 악행을 멈춰야 할 것이다.

붓다가 전세에 시비왕(尸毘王)으로 태어났을 때의 일이다. 산책을 하던 왕의 품으로 비둘기 한 마리가 황급히 날아들고는 겨드랑이로 파고들며 애원했다. "제발 숨겨주세요. 매가 잡아먹으려고 해요". 곧이어 뒤쫓던 매가 나뭇가지에 앉더니 원망조로 자신의 먹이를 내놓을 것을 요구한다. "나는 모든 중생을 괴로움에서 구하겠노라 결심한 바 있다". 왕이 거절하자, "나도 당신이 구하고자 한 중생이다"며 매가 맞선다. 고민에 빠진 왕이 물었다. "비둘기를 내어줄 수는 없으니 대신 원하는 것을 말해보아라". 그러자 매는 비둘기 무게의 따뜻한 고기를 요구했다. 산 목숨을 죽여야 따뜻한 고기를 얻을 수 있었기에 왕은 자신의 살점을 내어주기로 결정한다. 다리 살점을 도려내 저울에 올려놓았으나 저울은 비둘기 쪽으로 기울었고, 아무리 살점을 더해도 소용없었다. 마침내 왕은 자신의 온 몸을 저울 위에 올려놓는다. 그제야 저울은 수평을 이뤘고, 왕은 잃었던 살점 모두를 되찾는다. 매는 시비왕의 자비심을 시험하고자 몸을 바꾼 불법의 수호신 제석천(帝釋天)이었으며, 비둘기는 제석천의 명령으로 몸을 바꾼 비수갈마천(毗首羯摩天)이었다. 『대지도론』제4권에 나오는 시비왕 본생담(本生譚)이다.

"하찮은 생명은 어디에도 없다". "모든 생명의 무게는 동일하다". 시비왕 본생담이 우리 인간중심주의 사회에 던지는 시사점이 실로 적지 않다. 인간에게만 본래적 가치가 있다는 생각은 욕구가 빚어낸 이데올로기적 환상은 아닌가? 잘못된

여인의 부축을 받고 있는 시비왕의 정강이 살을 신하가 도려내고 있다. 시비왕 옆에 비둘기가 앉아 있고, 저울을 들고 있는 사람 옆에서 제석천이 금강저를 손에 쥐고 시비왕의 표정을 살피고 있다. 제석천은 매로도 묘사되어 있다.

생각은 잘못된 행동을 낳게 마련이다. 우리를 가두고 있는 이념의 질곡에서 벗어나지 않는 한 이 땅에서 비명과 원성은 끊이지 않을 것이다. 이 책이 자정의지를 기르고 동물의 원성을 줄일 수 있는 하나의 장이 되었으면 하는 바람이다.

이 책을 쓰게 된 보다 직접적인 이유는 인간과 동물 사이에 고통의 무게에 차이가 있느냐는 물음 때문이었다. 고대 아시리아인들은 산 채로 포로의 살가죽을 벗겼고, 산 채로 말뚝에 꿰었으며, 노예로 부릴 때는 도망가지 못하도록 앞을 못 보게 만들었다. 반인륜적 야만임에 틀림없다. 그 야만의 그림자가 지금 이곳에 드리워져 있다는 사실은 실로 비극이 아닐 수 없다. 인간에서 동물로 말을 갈아탄 것이 우리에 내재된 가학적 욕구가 약자인 동물을 향해 분출된 것은 아닌지 반문해볼 일이다.

"선택된 강자는 인류를 위해 사회의 도덕률을 넘어설 권리를 가질 수 있다. 한 마리의 이에 불과한 저 전당포 노파를 죽여도 된다". 도스토예프스키의 『죄와 벌』에서 가난한 대학생 라스콜리니코프는 스스로에게 권리를 부여하고 행사에 나선다. 아시리아인들의 생각도 다르지 않았을 것이다. 자신들에게 반기를 드는 자에게는 죽임을 당하지 않을 권리도 고통받지 않을 권리도 없다고 여겼을 것이다. 인간중심주의자, 인간우월주의자, 종차별주의자들의 생각은 어떠한가?

그들 역시 스스로에게 권리를 부여하고 있는 것은 아닌가? 그렇다면 아시리아인이나 라스콜리니코프보다 오히려 죄질이 나쁘다고 보아야 한다. 우리에게 반기를 든 적도 우리를 착취한 적도 없는 절대 약자를 상대로 권리 아닌 권리를 행사하고 있는 것이기 때문이다.

우리에게만 이성, 도덕, 언어 능력이 있다는 것이, 신이 우리에게 제왕적 지위를 부여했다는 것이 우리 인간들의 주장이다. 그래서 동물을 대하는 우리의 태도가 정당하다는 것이나, 논의된 바와 같이 자기 합리화를 위한 궤변 그 이상도 이하도 아니다. 더 이상 인간중심주의의 진실을 판도라의 상자에 묻어둘 수는 없는 일이다. 그러기에는 동물이 겪는 고통이 너무도 혹독하기 때문이다.

동물 학대는 명백히 범죄다. 변명의 여지가 없다. 누구에게도 어떤 이유로든 타자에게 고통을 안길 권리는 없다. 그 대상이 인간이건 아니건 간에 말이다. 더 이상 치졸한 논리로 자라는 세대까지도 기망하는 일은 없어야 하겠다.

역사학자 홉스봄(Eric Hobsbawm)은 "세상은 저절로 좋아지지 않는다"고 했다. 육류 소비량을 10%만 줄여도 인류가 먹을 곡류 생산량이 1,200만 톤 증가한다고 한다. 매년 기아로 죽어가는 6,000만 명을 살릴 수 있을 뿐 아니라, 그만큼 동물의 고통도 줄어든다는 얘기다. 동물복지인증 축산물을 선택하고, 모피와 동물실험을 거친 제품을 거부하는 것도 동물의 고통을 줄일 수 있는 하나의 방법일 수 있다. 약자를 보호하는 것이 도덕의 중요한 기능임을 상기해야 할 것이며, 우리의 의지가 법보다 빨리 세상을 바꿀 수 있다는 것도 잊지 말아야 할 것이다.

1. 인간의 정체는? 피코 vs. 스미스 요원

1) 『피코 델라 미란돌라: 인간 존엄성에 관한 연설』(성염 옮김, 경세원, 2009) 여러 곳에서 발췌했다.

2) James Rachels, *Created From Animals; The Moral implications of Darwinism*(Oxford: Oxford University Press, 1990), 5면.

3) Paul Ehrlich, *The Population Bomb*(Ballantine, New York, 1968), 166면. Paul Taylor, *Respect for Nature. A Theory of Environmental Ethics*(25th anniversary edition) (Princeton University Press, New York, 2011), 115면.

4) John Gray, *Straw Dogs: Thoughts on Humans and Other Animals*(London: Granta Publications, 2002), 12면.

5) Edward Abbey,. Abbey, *Desert Solitarie*(New York: Ballantine Books, 1968), 20면. Chris Korda, A Time to Pull the Plug, *Outside Magazine*(January 1995), 50면.

6) 문정림 의원이 2015년 3월 11일 늦게나마 화장품 동물실험을

금지하는 내용의 '화장품법 일부개정안'을 발의한 것은 실로 다행이 아닐 수 없다.

7) 본문의 이야기는 철학자 노크로스(Alastair Norcross)의 예를 일부 수정한 것이다(Alastair Norcross, 2004, "Puppies, Pigs, and People: Eating Meat and Marginal Cases", *Philosophical Perspectives*, 18, 229~230면).

8) 2012년 동물보호법이 개정되어 1년 이하의 징역 또는 1,000만 원 이하의 벌금에 처할 수 있게 되었으나 2014년 백구를 오토바이에 매단 채 3km를 끌고 간 남성을 검찰이 벌금 30만 원에 약식기소를 한 것이 말해주듯이 별반 달라진 것이 없다.

9) 타이어의 닳지 않을 권리를 생각해보자. 자각의식이 있다는 것이 권리를 가졌다는 것의 필요조건이라면, 타이어에게는 닳는 데 대한 자각의식이 없으므로 닳지 않을 권리가 없다는 상식적인 답변을 얻을 수 있다. 개의 고통을 당하지 않을 권리는 어떠한가? 자각의식이 있다는 것이 권리를 가졌다는 것의 필요조건이라는 말은 권리를 가졌다고 보기 위해서는 자각의식 이외에 다른 필요조건(들)을 충족시켜야 한다는 뜻이다. 그 다른 필요조건을 욕구라고 해보자. 그리고 어떤 존재가 자각의식과 욕구를 가졌다면, 그 존재는 권리를 가졌다고 해보자. 또한 개가 고통을 느낄 뿐 아니라 고통을 당하고 싶지 않은 욕구가 있다고 해보자. 그렇다면 개에게 고통을 당하지 않을 권리가 있다는 주장이 가능하다. 자각의식이 있다는 것이 도덕적 권리가 있다는 것의 필요조건이라면, 자각의식과 본래적 가치 그리고 도덕적 권리와 본래적 가치는 어떤 관계에 놓여 있는가? 동물권 옹호론자는 자각의식이 있다는 것이 본래적 가치가 있다는 것의 충분조건이라는 입장을 취한다. 다시 말해 어떤 존재에게 자각의식이 있다면 그 존재에게 본래적 가치가 있다는 것이다. 또한 설명된 바와 같이 그들에 따르면 자각의식이 있다는 것이 도덕적 권리가 있

다는 것의 필요조건이다(어떤 존재에게 특정한 도덕적 권리가 있다면 그 존재에게 자각의식이 있다). 이렇듯 그들의 주장이 옳다면 어떤 존재에게 도덕적 권리가 있다면 그 존재에게 본래적 가치가 있다고 보아야 하며, 따라서 동물의 본래적 가치를 부정하는 것은 그들의 도덕적 권리를 부정하는 것과 다르지 않으며 그들을 자각의식이 없는 존재로 취급하는 것과도 다르지 않다.

10) 개정된 동물보호법에 따라 동물을 학대한 자에게 1년 이하의 징역 또는 1,000만 원 이하의 벌금이 가능해졌으나, 백구를 오토바이에 매단 채 3km를 끌고 간 피의자를 검찰이 벌금 30만 원 구형에 약식기소한 것을 보아도 알 수 있듯이 개정된 이후에도 별반 달라진 것이 없다.

2. 존재의 거대한 사슬, 창조섭리의 거대한 왜곡

1) 존재의 거대한 사슬은 시대별, 문헌별로 하위분류에 차이를 보인다. 본문의 도표는 '참고문헌'에 소개한 역사학자 러브조이(Arthur O. Lovejoy)의 저서를 중심으로 여러 문헌을 참고해 간단히 정리한 것이다(Arthur O. Lovejoy, *The Great Chain of Being*, Cambridge (MA: Harvard University Press, 1936)

2) 흥미로운 점은 사슬론 옹호론자들 중 일부는 주변에서 흔히 볼 수 있는 신앙인들보다 오히려 상식적이었다는 사실이다. 그들은 인간에게 동식물에 대한 특권이 아닌 의무가 있다고 보아, 신이 인간에게 그러하듯이 왕 역시 하위서열의 백성을 사랑과 자비와 정의로 다스려야 하고, 인간도 하위서열의 존재를 그와 같이 대해야 한다는 의미로 사슬론을 해석했다. 다시 말해 왕이 사랑과 자비로 정의롭게

다스려야 할 의무를 이행하지 않는 것은 신의 뜻을 왜곡한 것으로 신에 대한 불충인 것과 같이, 인간이 하위서열에 대한 위의 의무를 이행하지 않는 것 역시 신에 대한 불충으로 여겼다.

3) Bertrand Russell, *The Collected Papers of Bertrand Russell, Volume 11: Last Philosophical Testament, 1943-68*, John G. Slater and Peter Köllner (eds.) (London: Routledge. 1997), 547~548면.

4) Richard Dawkins, *Wired Magazine*, 2006 November, 184면.

5) Paul Chamberlin, *Why People Don't Believe: Confronting Several Challenges to Christian Faith* (Grand Rapids: Baker Books, 2011), 82면.

6) Paul Chamberlin, 82면.

7) Paul Chamberlin, 82면.

8) 신이 관여하지 않은 상태에서 인간이 동식물보다 많은 능력을 가졌었다면, 그래서 인간, 동물 순으로 서열을 매겼다면, 임의적으로 인간을 선택해 특권을 부여했다는 반론으로부터 자유로울 수 있다. 신으로서는 그와 같이 위계를 설정한 이유가 있었기 때문이다. 하지만 신이 설정한 위계를 두고 위의 해석을 가한다는 것은 신이 무에서 인간과 동물을 창조했다는 창세기의 내용을 부정하는 것과 다르지 않다.

9) 설명된 바와 같이 '전애하다'는 것은 '완전히 선하다'는 말로서 선을 어떻게 정의하느냐에 따라 '완전히 정의롭다', '완전히 자비롭다' 등으로 표현될 수 있다.

10) *어떤 곡식은 계속 두들기기만 하지 않고 부서지지 않는 방법으로 수레바퀴를 굴리거나 발로 [말굽으로] 밟아 타작하는 경우도 있*

다(이사야, 28장 28절). 이사야서의 내용대로 이스라엘인은 타작 마당에 곡물을 깔아놓고 무게가 나가는 동물이 밟게 하거나 수레바퀴를 굴리게 함으로써 탈곡을 하기도 했는데 그때도 성서는 동물을 돌볼 것을 주문하고 있다. *곡식을 밟아 떠는 소의 입에 망을 씌우지 마십시오*(신명기 25장 4절). *"곡식을 밟아 떠는 소의 입에 망을 씌우지 말라"*는 구절은 말 그대로 동물을 주리지 않게 돌보라는 의미로 이해하는 것이 자연스럽다. NIV 성경 해설에 역시 그와 같은 의미로 설명되고 있으나(The Zondervan NIV Bible Commentary, general editors, Kenneth L. Barker and John R. Kohlenberger III (Zondervan Publishing House, 1994), 266면), 바울은 그 의미를 다음과 같이 해석한다. "모세의 율법에는 '곡식을 밟아 떠는 소의 입에 망을 씌우지 마십시오'라고 기록되어 있습니다. 이것이 하나님이 소를 염려해서 하신 말씀입니까? 전적으로 우리를 위해 하신 말씀이 아닙니까? 그렇습니다. 이것은 우리를 위해 기록된 것입니다. 밭 가는 사람이나 타작하는 사람은 제 몫을 받을 희망을 가지고 일합니다"(고린도전서, 9장 9~10절). 필자로서는 "곡식을 밟아 떠는 소의 입에 망을 씌우지 말라"는 것이 동물을 주리지 않게 돌보라는 의미가 완전히 배제된 전적으로 인간을 위한 의미라는 바울의 설명을 이해하기에는 역부족이었다. 오히려 바울의 설명을 이해하려 하는 과정에서 이스라엘인들이 타작만을 즐긴 데 대해 책망한 구절은 찾을 수 있었다. 이스라엘은 길들인 송아지와 같아서 곡식 밟기를 좋아하지만 내가 그 아름다운 목에 멍에를 메우고 보다 고되게 부려먹을 것이니 유다는 쟁기질을 하고 이스라엘은 쎄레질을 할 것이다(호세아, 10장 11절).

3. 동물이 정말로 바보인가?

1) Douglas Adams, *The Hitchhiker's Guide to the Galaxy*(1979), Chapter 23.

2) David Ost, 1984, The 'Right' Not to Know, *The Journal of Medicine and Philosophy* 9, 306면.

3) 드레츠케는 논문 두 편에서 본문의 내용을 골자로 한 주장을 개진하며, 드레츠케 이외에도 적지 않은 학자들이 동물에게 이성적인 행동이 가능하다고 주장한다. 헐리(Hurley)와 너즈(Nudds)가 편집한 '이성적인 동물?(Hurley, S. and M. Nudds, Eds. *Rational Animals?*, Oxford, Oxford University Press, 2006)'을 참고하기 바란다.

4) '동물은 도덕적 행위자가 아니다'는 주장만을 놓고 본다면 그것을 옹호하는 데 어려움이 따르지 않는다. 도덕적 행위자이기 위한 필요조건으로 엄격한 조건을 제시하고 동물은 그 조건을 충족시키지 못하므로 도덕적 행위자일 수 없다고 주장하면 그만이기 때문이다. 하지만 문제는 위의 주장이 '어떤 존재에게 도덕적으로 행동할 능력이 있다면, 그 존재는 도덕적 행위자다'는 전제와 연계되어 있다는 데 있다. 도덕적 행위자이기 위한 필요조건으로 엄격한 조건을 제시했다고 해보자. 그렇다면 그 조건이 위의 전제를 놓고는 도덕적으로 행동할 능력이 있다는 것의 필요조건이 된다. 따라서 동물권 부정론을 부정하는 진영에서는 그 제시된 조건이 지나치게 엄격하다고 주장함으로써, 즉 그와 같은 조건을 충족시키지 못해도 도덕적으로 행동할 능력이 있을 수 있다고 주장함으로써 위의 전제를 부정할 수 있다. 이렇듯 '동물은 도덕적 행위자가 아니다'는 것을 입증하기 위해 도덕적 행위자이기 위한 필요조건을 제시해야 하지만, 그 조건이 '어떤 존재에게 도덕적으로 행동할 능력이 있다면, 그 존재

는 도덕적 행위자다'는 전제에도 적용될 수 있을 만큼 느슨해야 한다는 데 동물권 부정론자들의 어려움이 있다. 이를 염두에 두고 '동물은 도덕적 행위자가 아니다'는 주장을 참으로 보아야 하는 이유에 대한 그들의 설명을 들어보기로 하자.

5) 두덕이 인간이라는 주장은 다음과 같이 정리될 수 있다.

    a. 어떤 존재에게 도덕적으로 행동할 능력이 있다면, 그 존재는 도덕적 행위자다.

    b. 어떤 존재가 도덕적 행위자라면, 그 존재에게 자신의 감정과 그에 따른 행동에 대해 비판적 자기성찰을 할 능력이 있다.

    c. 동물에게는 자신의 감정과 그에 따른 행동에 대해 비판적 자기성찰을 할 능력이 없다.

    d. 동물은 도덕적 행위자가 아니다. (b와 c로부터)

    그러므로

    e. 동물에게 도덕적으로 행동할 능력이 없다. (a와 d로부터)

위의 논증은 타당하다. 즉, 전제 모두가 참이라면 결론도 참이다. 따라서 위의 논증을 부정하기 위해서는 전제 중 하나는 부정할 수 있어야 한다. 하지만 c를 부정하는 것은 사실상 가능하지 않으며, d는 b와 c로부터 도출된다. 이렇듯 위의 논증을 부정하기 위해서는 본문에서와 같이 a와 b에 초점을 맞춰야 한다.

6) David DeGrazia, *Taking Animals Seriously*(New York: Cambridge University Press, 1996), 203면.

7) Evelyn Pluhar, 1988, "Speciesism: A Form of Bigotry or A Justified View?", *Between the Species* 4, 2면. 존슨(Lawrence Johnson, 1983, "Can Animals Be Moral Agents?", *Ethics and Animals*, 4(2), 50~61면), 클락(Stephen Clark, The Nature of the Beast: Are Animals Moral? (Oxford: Oxford University Press, 1984) 등의 철학자

역시 유사한 입장을 취한다.

8) 본문의 후자의 명제가 거짓이면, 전자의 명제도 거짓인 이유는
다음과 같이 설명될 수 있다.

> (A): 어떤 존재에게 감정을 가질 수 있는, 기억을 할 수 있는, 목
> 표지향적으로 행동할 수 있는 능력이 있다면, 그 존재는 도
> 덕적 행위자다.
>
> (B): 어떤 존재에게 감정을 가질 수 있는, 기억을 할 수 있는, 목
> 표지향적으로 행동할 수 있는 능력이 있다면 그 존재는 책
> 임능력자다.
>
> a. 어떤 존재가 도덕적 행위자라면, 그 존재는 책임능력자다.
>
> b. (A)가 참이라면, (B)도 참이다. (a로부터)
>
> c. (B)는 거짓이다.
>
> 그러므로
>
> d. (A)는 거짓이다. (b와 c로부터)

a를 참으로 보아야 하므로, b 역시 참으로 보아야 한다. 이렇듯 c가
참이라면, 결론인 d 역시 참으로 보아야 한다.

9) 위의 예들은 에반스(Edward P. Evans)의 저서 『동물에 대한 형사
소추와 사형(*The Criminal Prosecution and Capital Punishment of
Animals*, Farber & Farber, 1987)』에 소개되고 있다.

10) 「팔래즈(Falaise)에서의 암퇘지 처형」이라 불리는 마탱(Arthur
Mangin)의 그림으로, 1906년 발간된 에반스(E. P. Evans)의 『동
물의 형사처벌과 교수형(*The Criminal Prosecution and Capital
Punishment of Animals*)』에 실렸다.

11) Mark Rowlands, *Can Animals Be Moral?*(Oxford University
Press, USA 2012), 8면. 로우런드는 그의 저서 전반에 걸쳐 본문의

주장을 개진한다. 앞으로 로우런드의 주장 전반을 소개할 것이므로 페이지 수는 생략하고자 한다.

12) 본문의 정의는 가끔이나마 도덕적인 이유를 통해 동기를 부여받아 행동을 할 수 있다는 것이 도덕적 주체라는 것의 필요충분조건이라는 말로서, '어떤 존재가 가끔이나마 도덕적인 이유를 통해 동기를 부여받아 행동을 할 수 있다면 그 존재는 도덕적 주체이며, 어떤 존재가 도덕적 주체라면 그 존재는 가끔이나마 도덕적인 이유를 통해 동기를 부여받아 행동을 할 수 있다'는 의미이다.

13) 로우런드는 'Mysjkin'을 'Myshkin'으로 표기하고 있다.

14) 본문의 세 조건이 도덕적 행위자라는 것의 충분조건이 아닌 도덕적 주체라는 것의 충분조건이라는 점에서 지나치게 엄격하다고 해도 무방할 것이다. 따라서 그들 세 조건에 대한 로우런드의 논의는 생략하고자 한다.

15) 동물학자 해밀튼(Ian Hamilton)의 논문에 실린 이야기로(Ian Douglas Hamilton, Bhalla, S., Wittemyer, G. & Vollrath, F. 2006, "Behavioural Reactions of Elephants Towards a Dying and Deceased Matriarch". *Applied Animal Behaviour Science* 100) 로우런드가 소개하고 있다.

16) 토마스 람게, 『행복한 기부』(이구호 역, 풀빛, 2007), 38면.

17) 동물세계에서 이와 유사한 예를 찾는 것은 어려운 일이 아니다. 국립수산과학원 고래연구소 연구진의 카메라에 5~6마리의 참돌고래가 숨을 거두려는 동료를 수면위로 밀어올려 숨을 쉬게 도와주는 장면이 포착된 바 있다. 참돌고래 무리도 세 조건 모두를 충족시킨다고 보아야 하며, 앞서 소개한 칠레 고속도로의 유기견도 다르지 않다.

18) 레이첼스(James rachels)가 인용하고 있다(James Rachels, *Created From Animals; The Moral implications of Darwinism* (Oxford: Oxford University Press, 1990), 83면).

19) 하지홍, 『하지홍 교수의 개 이야기』(살림, 2008), 34면.

20) Steven Pinker, *The Language Instinct*(W. Morrow and Company, 1994), 342면.

21) Paul Taylor, 1984, "Are Humans Superior to Animals and Plants?" *Environmental Ethics*, 6, 156면. 제1장에 소개된 바 있는 테일러는 생명중심주의의 일환으로 어떤 생명체이건 한 생명체의 선을 실현하는 것은 다른 생명체의 선을 실현하는 것과 동일한 가치를 갖는다고 주장함으로써 생명체 평등주의(biotic egalitarianism)를 제창한다. 그리고 그의 생명체 평등주의는 본문의 주장에 기초하고 있다.

22) 제1장에서 설명된 바와 같이 동물권 옹호론자와 환경보호론자들에 따르면 어떤 존재에게 본래적 가치가 없다면 그 존재에게 도덕적 권리가 없다고 보아야 한다. 이에 대해 동물권 부정론자로서도 이의를 제기할 이유가 없으므로, 여기서는 본래적 가치에 초점을 맞추기로 하자.

23) Louis Lombardi, 1983, "Inherent Worth, Respect, and Rights", *Environmental Ethics*, 5 (3), 263~264면.

24) Paul Taylor, 1984, "Are Humans Superior to Animals and Plants?" *Environmental Ethics*, 6, 149면.

4. 동물에게 권리가 없다면 치매환자는 어떠한가?

1) Jeremy Bentham, *An Introduction to the Principles of Moral Legislation* (New York: Hafner, 1948), 17장.

2) Peter Singer *Animal Liberation* (London: Pimlico, 1995), 237면.

3) Richard Ryder, *The Victims of Science* (London: Davies Pointer Ltd, 1975), 3면.

4) 뇌사자는 대뇌뿐 아니라 연수 등 뇌간의 기능도 비가역적으로 소실되어 자발적인 호흡이 가능하지 않으나 인공호흡장치에 의존해 심폐기능을 유지하고 있는 환자인 반면, 지속적 식물 상태의 환자는 대뇌의 기능은 비가역적으로 소실되었으나 뇌간의 기능이 남아 있어 자발적인 호흡이 가능하거나 인공호흡장치에 의존해 장기간 생명을 유지할 수 있는 환자이다.

5) Jan Narveson, 1977, "Animal Rights", *Canadian Journal of Philosophy*, VII, 164면.

6) 치매환자 등 불행을 겪어 능력을 상실한 사람을 '주변부 사람'으로 표현하는 것이 적절할 수 없다. 철학자 노비스(Nathan Nobis)는 유감이라고 말하며, 철학자 번스타인(Mark Bernstein)도 혐오스럽다고 지적하나, 결함이 있다거나 부족하다는 표현 역시 적절치 않을 뿐 아니라 능력을 갖지 못한 사람이라는 내용을 담을 수 있는 마땅한 단어가 없으므로 주변부 사람이라는 표현이 통용되고 있다. 필자 역시 피치 못해 주변부라는 표현을 사용하고자 한다.

7) Aristotle, *Nicomachean Ethics*, V.3, 1131 a10~b15. Aristotle, *Politics*, III. 9. 1280 a8~15, III. 12, 1282 b18~23.

8) Porphyry, *On Abstinence from Animal Food*, translated by

Thomas Taylor (London: Centaur Press, 1965), 19면. 나비슨(Jan Narveson, 1977, "Animal Rights", *Canadian Journal of Philosophy*, VII, 164면)이 이름 붙인 주변부 사람들 논변은 다음과 같이 정리될 수 있다(나비슨은 앞으로 소개될 '유사성 논변'에 동조함으로써 주변부 사람들 논변을 부정한다).

　a. 능력면에서 동물과 주변부 사람들 사이에 차이가 없다.

　b. 주변부 사람들에게 도덕적 권리가 있다면, 동물에게도 도덕적 권리가 있다. (a로부터)

　c. 주변부 사람들에게 도덕적 권리가 있다.

　그러므로

　d. 동물에게도 도덕적 권리가 있다. (b와 c로부터)

주변부 사람들 논변이 동물권 부정론에 대한 심각한 도전이 아닐 수 없다. 강한 동물권 부정론을 옹호하기 위해서는 주변부 사람들의 (목숨을 빼앗기지 않을, 고통을 당하지 않을, 거처 비워주지 않을…) 소극적인 권리를 부정하고 그들에게 (보통의 사람들을 위해 목숨을 바쳐야 할, 고통을 감수해야 할, 거처를 포기해야 할…) 적극적인 의무를 부과해야 하며, 약한 동물권 부정론을 옹호하기 위해서는 주변부 사람들의 소극적인 권리와 보통 사람들의 적극적인 권리가 충돌할 경우 주변부 사람들의 소극적인 권리를 부정해야 하기 때문이다.

9) '독츠하이머(dogzheimer)'는 개 인지장애(canine cognitive dysfunction)를 두고 마이애미에서 동물병원을 운영하고 있는 쿨리(Patty Khuly) 박사가 붙인 애칭이다.

10) Thomas Scanlon, *What We Owe to Each Other*(Cambridge: Harvard University Press, 1998), 185~186면.

11) 스크루튼에 따르면 우리가 이 세계를 이해할 수 있는 것은 동물과 식물을 분류할 때 종을 기준으로 삼고 특정 개체를 종의 전형

으로 인식하기 때문이다. 어떤 대상을 하나의 개체가 아닌 종의 전형으로 이해하는 것이 생존에 필수적이다. 특히 수렵 채집인의 생존에 필수적이며, 우리의 도덕적 삶에도 필수적이다. 나는 인간으로서 타자와 관계를 맺고, 타자와 같은 유형의 존재에게 허락된 특권을 타자에게 부여한다. 보통의 상태에서 의무를 지고 권리를 가지는 노넉공동체의 일원이 되는 것이 인간의 유형이다. 어떤 개체에게 이상(異常)이 있다는 것이 그 개체가 도덕공동체의 일원이 아니라는 것을 의미하지 않는다. 단지 그를 대하는 태도에 변화를 요구할 뿐이다. 신생아나 정박아도 우리가 속한 유형인 도덕적 존재유형에 속한 존재다. 따라서 도덕적 대화를 통해 집단개념으로 마련해 의식적으로 서로에게 제공하는 보호막을 그들에게도 제공해야 한다 (Rodger Scruton, Animal Rights and Wrongs (London: Demos, 2000), 54~55면).

12) 마찬은 수면 중이거나 혼수상태의 사람과 같이 잠시 또는 한동안 도덕적 행위자일 수 없는 사람들을 예로 들고 있다. 하지만 주변부 사람들 논변에서의 주변부 사람들은 중증의 치매환자나 지속적 식물 상태의 환자와 같이 영구히 능력을 상실한 사람들이다. 마찬이 이들 환자들을 예로 들었다고 생각하고 그의 주장을 평가해보자. (스캔런, 스크러튼, 마찬 이외에 철학자 웬버그(R. Wennberg, Good, Humans and Animals: An Invitation to Enlarge our Moral Universe (Grand Rapids: Eerdmand Publishing, 2003), 120면) 등도 종 보통성 논변에 동조한다.)

13) 그레이엄이 이름 붙인 '종 보통성 논변'은 다음과 같이 정리될 수 있다.

　　a. 한 개체의 도덕적 권리는 그가 속한 유형의 보통의 구성원에게 도덕적 행위자로서의 능력이 있는지의 여부에 달렸다.

　　b. 주변부 사람들이 속한 유형의 보통의 구성원에게는 도덕적

행위자로서의 능력이 있는 반면, 동물이 속한 유형의 보통의 구성원에게는 그와 같은 능력이 없다.

c. 주변부 사람들에게는 도덕적 권리가 있는 반면, 동물에게는 도덕적 권리가 없다. (a와 b로부터)

그러므로

d. 주변부 사람들 논변은 설득력이 없다. (c로부터)

14) James Rachels, "Darwin, Species, and Morality", *Animal Rights and Human Obligations*, Tom Regan and Peter Singer eds. (Englewood Cliffs, New Jersey: Prentice-Hall, 1989) 100면.

15) James Rachels, 100면.

16) 범죄행위(actus reus) 요건뿐 아니라 범죄심리상태(mens rea) 요건도 충족시켜야 범죄가 성립되며, 따라서 처벌이 가능하다. 2008년, 70대 치매환자가 89세의 치매환자 고모씨를 폭행해 숨지게 한 사건이 발생한다. 그의 행위로 인해 고모씨가 숨졌으므로 범죄행위 요건을 충족시킨다. 하지만 그를 처벌할 수 없는 이유는 범죄심리상태 요건을 충족시키지 못하기 때문이며, 그 이유는 그가 의무의 주체일 수 없기 때문이다. 범죄심리상태는 필자의 『형사법과 살해의도』(성균관대학교출판부, 2014) 제1장을 참고하기 바란다.

17) R. G. Frey, 1977, "Animal Rights", *Analysis*, 37 (4), 188면.

18) Jan Narveson, 1977, "Animal Rights", *Canadian Journal of Philosophy*, VII, 177면.

19) 본문의 예는 철학자 툴리(Michael Tooley)의 예와 논의를 각색한 것임을 밝혀둔다(Michael Tooley, "Abortion and Infanticide", *Philosophy and Public Affairs*, 2: 1, 1972).

20) Carl Cohen, 1986, "The Case for the Use of Animals in

Biomedical Research", *New England Journal of Medicine* 315, No. 14, 867면.

21) 철학자 팍스(M. A. Fox)의 경우 한때 종차별주의를 옹호했으나 마음을 바꿔 자신이 그랬다는 사실이 당혹스럽다고 실토한 바 있다(Fox, Michael W., 1983; "Philosophy, Ecology, Animal Welfare, and the 'Rights' Question" in Miller, Harlan & Williams, William (eds.) Ethics and Animals. Clifton, N. J.: Humana Press).

22) 앤더슨(Elizabeth Anderson, "Animal rights and the value of nonhuman life", in Sunstein, M. and Nussbaum, M. (eds.) *Animal Rights: Current Debates and New Directions*.(Oxford: Oxford University Press, 2004), 279-280면), 노직(Robert Nozick, 1983, "About Mammals and People", *The New York Times Book Review*, 27 Nov, 11면), 스캔런(Thomas Scanlon, *What We Owe to Each Other*(Cambridge: Harvard University Press, 1998), 185면), 캐루더스(Peter Carruthers, *The Animals Issue*(Cambridge: Cambridge University Press, 1992), 52면) 등의 철학자가 종을 도덕적으로 유의미한 특질로 파악한다. 하지만 그들은 종차별주의를 옹호하지는 않으며, 코헨 등 소수의 철학자만이 종차별주의자로서의 정체성을 드러낸다.

23) 칸트는 의지에 주어지는 모든 명령은 가언적(假言的)인 것이거나 정언적(定言的)인 것이라고 말하고, 목적달성을 조건으로 하는 명령인 가언명령(hypothetical imperative)과 수단의 의미가 배제된 무조건적인 수행이 요구되는 명령인 정언명령을 구분한다. 그리고 정언명령 내에서의 격률(maxim)은 '특정 상황에서 어떻게 해야 한다거나 남을 어떻게 대해야 할지는 모든 사람에게 적용될 수 있는 것이라야 한다'는 의미의 보편적 법칙(universal law)이라야 한다고 말한다.

24) John Wilkins, 2011, "Philosophically speaking, how many species concepts are there?" *Zootaxa*, 60, 58면.

25) 본문의 도표는 철학자 그래프트(Donald Graft)가 분류한 것이다(Donald Graft, 1997, Against Strong Speciesism, *Journal of Applied Philosophy*, Vol. 14 (2), 109면).

26) 본문의 다섯 기본 종개념은 다음과 같이 정의될 수 있다.

- 본질주의 종개념: 오직 한 개체군의 유기체만이 가진 한 세트의 속성들이 존재한다는, 그래서 그 개체군의 유기체를 하나의 종으로 분류해야 한다는 종개념.
- 표현적 종개념: 관찰 가능한 특성이나 형태 등이 유사한 개체군을 하나의 종으로 분류해야 한다는 종개념.
- 진화학적 종개념: 자신만의 일원화된 진화적인 역할과 성향을 가진 그리고 다른 직계들과 독립적으로 진화하는 직계를 하나의 종으로 분류해야 한다는 종개념.
- 짝인식 종개념: 서로가 잠재적인 짝임을 인식할 수 있는 한 세트의 유기체를 하나의 종으로 분류해야 한다는 종개념.
- 생물학적 종개념: 자연환경에서 실제적으로나 잠재적으로 교배가 가능한(유전자를 교환할 수 있는) 개체군, 즉 생식적으로 고립된 개체군을 하나의 종으로 분류해야 한다는 종개념.

27) 진화분류학자들의 공통된 생각과 같이, 실제로 본질주의 종개념으로는 형태적인 특징만으로는 구별하기 어려우나 서로 교배를 하지 않는 자매종(sibling species)과 상이한 형태적 특징을 가졌으나 교배가 가능한(그래서 중간종이 생길 수 있는) 둘 이상의 아종을 가진 다형종(polytypic species)에 대해 적절한 설명을 내놓을 수 없다.

28) E. O. Wilson, *From a Biological Point of View*(Cambridge, Cambridge University Press, 1992). Ernst Mayr *Animal Species*

and Evolution(Cambridge: Harvard University Press, 1966).

29) 마이어의 주장을(Ernst Mayr, *Animal Species and Evolution*, Cambridge, Harvard University Pres,s 1966) 그래프트가 인용하고 있다 (Donald Graft, 1997, Against Strong Speciesism, *Journal of Applied Philosophy,* Vol. 14 (2), 112면).

30) Graft, 111면.

31) 텃지(Colin Tudge, *Last Animal at the Zoo*, Washing, D. C., Island Press)의 코멘트를 그래프트가 인용하고 있다(Graft, 112~113면).

32) 가장 잘 알려진 고리종으로 재갈매기(herring gull)와 작은검은 등갈매기(lesser black-backed gull)를 들 수 있다. 영국에서의 두 개체군은 색깔도 다르고 누구나 구별할 수 있을 만큼 명백히 다른 종이다. 하지만 유럽에서 시작해 북극에서 북아메리카로 그리고 알래스카를 거쳐 시베리아를 가로질러 다시 유럽으로 원을 그리며 재갈매기를 따라가다 보면 흥미로운 사실 하나를 발견하게 된다. 재갈매기가 갈수록 본래의 모습을 잃고 작은검은등갈매기를 점점 더 닮아가다 결국 고리의 다른 편 끝에서 작은검은등갈매기와 구분하기 어려울 만큼 변모하고는 다시 재갈매기의 모습을 찾기 시작해 유럽에 이르러서는 본래의 모습을 완전히 되찾는다. 고리의 모든 단계에서 작은검은등갈매기와 교배를 하고, 그 교배의 연속성은 유럽에서 비로서 끊긴다(Dawkins, 1993, 그래프트(Graft, 113면)가 인용하고 있다). 고리종(ring species) 역시 생식적으로 고립이라는 것의 모호성을 보여주는 예가 될 수 있다. 유럽의 재갈매기 개체군과 다른 편 끝의 재갈매기 개체군이 같은 종인지 다른 종인지의 물음을 놓고 어려움을 겪을 수밖에 없기 때문이다.

33) 『종의 기원』에서 다윈은 매우 닮은 한 세트의 개체군에 편의를 위해 임의로 주어진 용어가 종이라고 말하며, 철학자 키처(Philip

Kitcher)는 특정 이론에 부응하기 위해 만든 용어로 그리고 진화인류학자 던바(Robin Dunbar)는 생물학적 사실과는 무관한 개념으로 이해한다(Philip Kitcher, 1984 "Species", *Philosophy of Science*, 51, 308~333면. Robin Dunbar, "What's in a classification?" In P. Cavalieri and P. Singer (ed.) *The Great Ape Project: Equality Beyond Humanity*, New York, St Martin's Press, 1993).

34) Graft, 115면.

35) Richard Ryder, *The Victims of Science* (London: Davies Pointer Ltd, 1975), 5면, 16면.

36) 본문의 예는 철학자 툴리(Michael Tooley)가 생명권의 성격을 규명하기 위해 제시한 예임을 밝혀둔다.

37) Colin McGinn, "Apes, Humans, Aliens, Vampires, and Robots" in Paola Cavalieri and Peter Singer (eds.) *The Great Ape Project* (St. Martin's Press, New York, 1993), 21면.

인간, 위대한 기적인가, 지상의 악마인가?

초판 1쇄 인쇄 2015년 7월 3일
초판 1쇄 발행 2015년 7월 10일

지은이 임종식
펴낸이 정규상
펴낸곳 성균관대학교 출판부
출판부장 안대회
편　집 신철호 · 현상철 · 구남희
외주디자인 아베끄
마케팅 박인봉 · 박정수
관　리 박종상 · 김지현

등록 1975년 5월 21일 제1975-9호
주소 110-745 서울특별시 종로구 성균관로 25-2
대표전화 02)760-1252~4
팩시밀리 02)762-7452
홈페이지 press.skku.edu

ⓒ 2015, 임종식

ISBN　979-11-5550-113-9　03100

■ 이 책에 사용된 이미지(사진) 중 일부는 저작권자를 찾지 못해 후속 조치를
　취하지 못했습니다. 저작권자가 확인되는 대로 정당한 절차를 밟아 사용료를
　지불하겠습니다.